羽毛球运动训练理论与实践

于 一◎著

吉林出版集团股份有限公司

全国百佳图书出版单位

图书在版编目（CIP）数据

羽毛球运动训练理论与实践/于一著.一长春：
吉林出版集团股份有限公司,2024.3
ISBN 978-7-5581-6311-1

Ⅰ.①羽… Ⅱ.①于… Ⅲ.①羽毛球运动 – 运动训练 –
研究 Ⅳ.① G847.2

中国国家版本馆 CIP 数据核字 (2023) 第 205735 号

羽毛球运动训练理论与实践
YUMAOQIU YUNDONG XUNLIAN LILUN YU SHIJIAN

著　　者　于　一
责任编辑　沈　航
封面设计　李　伟
开　　本　710mm × 1000mm　　　1/16
字　　数　250 千
印　　张　16
版　　次　2024 年 3 月第 1 版
印　　次　2024 年 3 月第 1 次印刷
印　　刷　天津和萱印刷有限公司

出　　版　吉林出版集团股份有限公司
发　　行　吉林出版集团股份有限公司
地　　址　吉林省长春市福祉大路 5788 号
邮　　编　130000
电　　话　0431-81629968
邮　　箱　11915286@qq.com
书　　号　ISBN 978-7-5581-6311-1
定　　价　93.00 元

作者简介

　　于一，副教授，硕士生导师，主要研究方向为羽毛球教学和训练。羽毛球、网球国家一级裁判，羽毛球国家级体育社会指导员，网球二级运动员。曾主持、参与省部级课题 7 项，SCI 检索收录论文 1 篇，拥有国家发明专利 1 项，发表论文 10 余篇，参编著作 1 部，大学生创新创业训练实践项目 1 项。获"全国体育院校德育工作者""优秀共产党员""'互联网 +' 大学生创新创业大赛优秀指导教师"等称号。

前　言

作为一种将技巧、体能、智慧、心理等方面有机融为一体的羽毛球运动，在我国起到了振奋全民族精神的作用，推动了我国体育事业的发展。在奥运争光战略思想的指导下，我国羽毛球运动员们为中国体育代表团获得了奥运会、世锦赛、世界杯、亚运会等多种世界单项冠军或综合大赛的多项冠军，为国家争得了荣誉。同时，羽毛球这项运动越来越受到全世界人民的喜爱。

基于羽毛球运动在国际、国内日益深入人心，为了促进我国羽毛球运动的蓬勃发展，也为了更多地培养羽毛球运动人才，在羽毛球界各位同仁的大力支持和帮助下，本人撰写了这本《羽毛球运动训练理论与实践》。

本书内容包括羽毛球运动场地与器材，基本技术，技术和球路训练，战术运用，体能和心理训练方法六章内容。综合了以往羽毛球的相关知识，在此基础上创新并发展，重点阐述羽毛球的技术和球路训练，集战术运用、体能和心理训练方法于一身，旨在完善羽毛球运动实践与理论体系。本书主要适用于大学羽毛球体育课教学与训练、指导专业队训练，同时适合一般羽毛球爱好者作为科学指导的参考读物。

由于时间仓促，水平有限，在撰写过程中难免有纰漏，望广大羽毛球专家、同仁、读者给予批评指正，以便今后改进提高。

于一

2023 年 4 月

目　录

第一章　羽毛球运动场地与器材

在练习羽毛球的时候，要有球与球拍等相关器材，通常要在特定的场地中进行。本章主要讲述羽毛球运动场地与器材，分别从两节、两个方面进行叙述，第一节是场地、球网与网柱，第二节是球与球拍。

第一节　场地、球网与网柱

一、场地

标准的羽毛球场地长 1340 厘米，双打场地宽 610 厘米，单打场地宽 518 厘米，如图 1-1、图 1-2 所示。

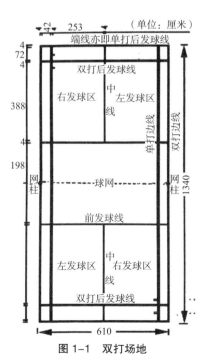

图 1-1　双打场地

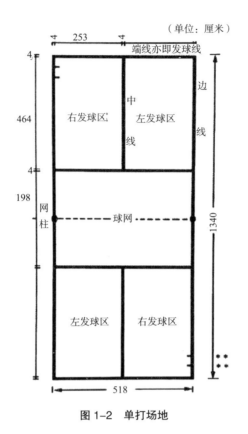

图 1-2　单打场地

根据国际羽联的规定，赛场顶部距离地面必须保持 9 米以上的高度，同时要避免任何横梁或障碍物出现在此高度范围内。此外，在距离球场边界 2 米内，也不能有任何障碍物。在保证安全的情况下，相邻的球场之间应该至少保持 2 米的距离。为了达到最佳效果，球场的围墙最好采用深色，同时要能够抵御强风。所有国际重要比赛必须严格遵守上述规定的具体条款。如果比赛场地存在一些不符合标准的情况，经过有关部门的批准，可以进行必要的改善。

二、球网

标准的羽毛球网是由高质量的深色天然纤维或人造纤维制成的，长 610 厘米，宽 76 厘米。网孔大小在 15～20 毫米。在羽毛球网的顶部边缘，应当缝上一道宽度为 75 毫米的白色布边，并使用绳索或者钢丝穿过，适当调整拉紧度，以使其与网柱的顶端保持平齐。

三、网高及网柱

羽毛球网高为 1.55 米，是指从地面到网柱的高度。网柱宜放置在双打球场的边线上，球网的中央顶端距离地面的高度应该是 1.524 米。若无法安装网柱，需使用其他方式标识出边线经过网下的位置。

第二节　球与球拍

一、羽毛球

羽毛球的制作材料可以选用天然材料、人造材料或两种材料混合。

（一）样式规格

在羽毛球运动中，常使用一种由软木制成的半圆形球托，该球托用于支撑 16 根羽毛。软木球托有一个直径在 25～28 毫米的球形顶部，并用白色薄皮革或同类材料作为外层盖在底部圆形上。羽毛从基部到尖端约有 62～70 毫米的长度。羽毛的顶部呈现出一个直径在 58～68 毫米的圆形。可以使用线或其他材料，在球架上 1.25 厘米和 2.5 厘米的位置将羽毛固定，以保证稳定性。此外，在比赛中，也有可能使用泡沫头球或尼龙球来代替。

（二）球重

羽毛球球重应为 4.74～5.50 克。

（三）飞行速度

在端线处打球，使球打向前上方，球的飞行方向与边线平行，最终球落地距离在 53～99 厘米时，可以认为这个球的飞行速度符合正常范围。

在非正式比赛中，经主办单位批准之后，对于羽毛球的轻重快慢影响比赛时可采取如下措施：如果球体过重或者球速过快，可以在球托的中间挖掉一部分软木，这样可以减轻球托重量，从而减缓球速；如果球体过轻或者球速过慢，可以在球托中间加上 1～2 个小钉子，增加球托重量，使球速变快，或者向内翻折羽毛，缩小羽毛口径，以增加球速。还可以将羽毛向外翻折，增大羽毛口径，以达到减缓球速的效果。

羽毛球有比赛用球和训练用球之分。比赛用的高级羽毛球大部分是用鹅毛制成的，训练中用的中低级羽毛球大部分是用鸭毛制成的。在室外训练，有时也会选择用室内球，但相对来说，还是使用泡沫头球和塑料球更为合适。

我国是羽毛球生产大国，品牌甚多，有些属全国比赛用球，质量上等，练习者可根据经济条件和训练环境加以选择。

二、球拍

羽毛球球拍的最大长度为 68 厘米，最大宽度为 23 厘米。球拍的形状为椭圆形，拍弦面的最大长度为 28 厘米，最大宽度为 22 厘米。球拍须保持规定式样，不允许添附加物或有凸出部分，且不得改变其设计规范。球拍的重量范围为 95～120 克，此重量并不计算弦的重量。羽毛球拍弦通常采用交叉编织的羊肠线，或者是化学纤维尼龙线。羽毛球球拍握把的长度在 39.5～40 厘米，其直径必须小于或等于 2.8 厘米。

从事羽毛球运动，要有一支称心、适用、弹性好、轻重适宜的好球拍。目前市场上能购得的上弦的球拍，一般都是中低档的，上弦不紧、球弦弹性质量差，致使球拍的弹性也较差，影响球的飞行速度和远度。因此，自己学会选拍、上拍弦，以及修补球拍的断弦，不仅省时、省钱，更重要的是称心适用。

下面对选拍、选拍弦做简单的介绍。

（一）球拍的选购

我国市场上有多种不同款式和类型的羽毛球拍可供选择，大致可以归为四种。

第一种常用的羽毛球拍是由全碳素材料和钛及纳米成分混合制成的一体成型球拍。这款球拍通常被世界级选手和负担得起高价的业余爱好者所青睐。例如，国家队使用的日产 YONEX 球拍，国内各省、市羽毛球队使用的威克多、凯胜、波利、佛雷斯等国内品牌的球拍。

第二种常见的拍杆是中档的碳素杆，它的球拍框采用铝合金制造。

第三种球拍属于中低档球拍，采用了钢杆和铝合金混合的材质。

第四种球拍包括了由钢杆和木框构成的，以及全部采用木材制作的羽毛球拍。

在购买球拍时，主要是依据个人的财务状况和兴趣爱好，选择适合自己档次和型号的羽毛球拍，适合的才是最好的，并非一定要执意追求国际知名品牌产品。就通常情况而言，加入了钛和纳米材料的全碳素一体化羽毛球拍，各品牌在基础性能方面并没有很大的差别，普遍不重，弹性方面也不错，也很结实耐用，但价格有高低。有一定技术水平的选手或爱好者，如攻击型选手，使用的球拍可略重一些，以增加攻击威力，如守中反攻或防守型选手，球拍可选略轻一些的，以利于更灵活地挥拍防守。儿童一般以选用特制的儿童羽毛球拍为宜，其拍柄较细，以利握拍。

在选球拍时还要注意球拍的弹性，主要是看拍杆在掰动时是否有一点儿弯度，几乎没有弯度的拍子弹性差，不好用。由三通连接的球拍，如碳素杆加铝合金框，其连接处较易断裂或脱胶。因此，选拍时应仔细检查，将球拍框轻微扭动一下，有响声或松动的不宜选用。

（二）羽毛球拍弦的选购

市场上有许多种类的羽毛球拍弦可供选择，比如，化纤弦、尼龙弦、羊肠弦和牛筋弦等。高档的弦材料常常由化纤材料制成，例如，YONEX 品牌的 BG65-90型弦、美国的雅沙维弦、日本的戈杉弦等。羊肠弦具有良好的弹性，但也有易碎的缺点。尼龙弦属于经济型的球拍弦，其弹性水平稳定，但易受气候影响而发生热胀冷缩现象。不过，与其他弦相比，尼龙弦的价格更具性价比。

三、辅助器材

（一）主裁判椅

主裁判的座椅高度约 1.4 米，在两个扶手中间要设置一个搁板，以方便主裁判放记分板。为了让主裁判坐在椅子上不会晃动，需要将椅子的四条腿略微分开，以确保椅子的重心稳定。

（二）发球裁判椅

一般来说，发球裁判可以使用普通的靠背椅，但要注意避免使用铁制椅腿，其有可能会有损场地环境。

（三）司线员椅

可以使用普通的靠背椅，注意避免使用铁制椅腿，原因同上。

（四）衣物筐

衣物筐用于运动员进场后放置备用球拍、毛巾、运动衣以及饮用水等，衣物筐的尺寸规格通常是长 80 厘米、宽 60 厘米、高 30 厘米。通常在主裁判椅的两侧放置，单人比赛放置一个衣物筐，双人比赛放置两个衣物筐。

（五）放球箱

比赛用球主要受发球裁判监管，因此，其椅旁应放置一个球箱。比赛时备用的新球整桶放置，而换下的旧球就直接丢在箱内，在比赛间隙或在一节比赛结束时再收集整理。球箱的长、宽和高都略大于球筒即可。

（六）干拖把

比赛场地表面如果有了水（运动员滴下的汗水、运动员摔倒在地或其他原因导致的场地潮湿），就应立即用干拖把将水擦干。要保证拖把有良好的吸水性能，每个场地应备有两个拖把，每边一个。

（七）暂停标志

当比赛打成局数 1∶1 时，需放置暂停标志在场地中央的网下，使观众知道现在局数为 1∶1。暂停标志的高度约为 50 厘米，圆锥体、三角形或四面体均可，主要目的是醒目和便于发球裁判挪放。

（八）量网尺

量网尺是宽 0.04 米、长 1.70 米的木质或铝合金制的直尺，在 1.524 米和 1.55 米处画有标记。

（九）记分垫板

记分垫板是主裁判临场执裁时垫写记分表用的，板的尺寸要大于 A4 纸的规格，硬质的有机玻璃或塑料板都可以。

（十）比分显示器

羽毛球计分器的分数部分需包括 0～30，而局分和场分部分则分别需要 0～2 和 0～5。手动翻转即可显示简易比分。对于正式比赛而言，最好使用电子记分显示器。分数显示器的灯光亮度不能太大，以免影响运动员的视觉。

第二章　羽毛球运动基本技术

在羽毛球练习中，发球、接球以及步法等都十分重要，属于羽毛球运动的基本技术，本章分为六节，从六个方面分别对其进行简要介绍，这六节分别是握拍、发球、接发球、击球、提高击球质量的五大要素以及羽毛球步法。

第一节　握拍

要想打好羽毛球，必须重视握拍的方法。如果握法不正确，虽能将球击出，但击球费力而且不远，击球范围也小。因此，在初学羽毛球时，要花一些时间学习正确的握拍方法。握拍方法主要有正手握拍法、反手握拍法和特殊握拍法三大类。

一、一般握拍法

（一）正手握拍法

正确的正手握拍法（以右手持拍为例，下同），首先左手要握拍杆，确保拍面与地面呈垂直状态。其次伸出右手，将手掌放在拍柄底部，虎口对着拍柄窄面内侧的小棱边。如图 2-1 所示，拇指和食指应自然抵在拍柄两侧的宽面，中指、无名指和小指则自然并拢抓住拍柄。食指和中指应该略微分开，掌心则不应该贴紧拍柄，要保留一定的间隙（图 2-2）。这样做可以增强手腕和手指的力量，使它们更有力且更加灵活。

图 2-1　正手握拍

图 2-2　正手握拍

在击球之前，握拍要放松、自然，不能握得太紧，就如抓小鸟一样，太紧会捏死小鸟，太松小鸟会飞走。总之，要放松、自然地握住拍柄，在击球的一瞬间才紧握球拍发出力量，完成击球动作。

（二）反手握拍法

反手持拍的方式可以归结为以下两种形式：

第一，持球拍即以正手握拍的姿势，把球拍略微向外转动，同时抬起拇指朝上，紧绷食指。然后，用拇指抵住拍框的宽面，以及将其余四指靠在一起（图 2-3）。

图2-3 反手握拍

第二，在正手握拍的基础上，稍微外旋球拍，上提拇指，收紧食指，用拇指按住拍框内侧的小棱边，并将其余四指并拢（图2-4）。

图2-4 反手握拍

当然，手腕爆发力极强的选手也可不改变正手握拍手法去打反手球。但是，一般用反手握拍法击反拍球更为省力，效果也更好。

（三）特殊握拍法

上述正常的正、反手握拍法对于击高球、吊球、杀球、反手球、挑球、推球、抽球、挡球等比较用力击球的动作较为适宜。在特殊情况下，如网前的封网技术、搓球、勾球、扑球、拨球、接杀勾球及被动放网球时可采用特殊握拍法。例如，封网前球时，则拍面与地面平行，虎口对准拍柄的宽面，其他手指与正常握拍法相同，这种握拍法也称为西方握拍法（图 2-5）。双打时，站在网前的封网者，使用这种握拍法是可以的，也是有利的。但是，如果退至后场回击球时仍采用这种握拍法，则会限制扣杀和打高球的爆发力。因此，为了更好地应对网前搓球、扑球、拨球、勾球，以及正、反手接杀勾对角球和正、反手网前被动放网前球，常规做法是采用标准的握拍方式，但能够轻微调整手指和掌心之间的空隙，从而提高击球时的灵活性、一致性和威力。

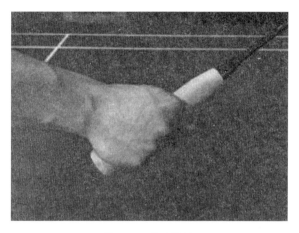

图 2-5　特殊握拍

二、握拍易犯的错误

第一，握拍时没有正确对准手掌的虎口，使其与拍柄窄面内侧的小棱边相对应。

第二，握拍时手指过度紧绷，握成了紧抓的形状。

第三，掌心与拍柄之间不贴合，留有空隙。

第四，将食指伸展开，按在拍子的握把部位。

第五，过度用力握紧拍柄，导致手腕僵硬，进而影响力量发挥。

第六，握拍的位置过于靠上，导致拍柄过长暴露在外，不利于进行杀球动作。

第七，使用固定的握拍方式来处理各种球，会限制击球的灵活性，并且难以产生威胁性的出球。

第二节 发球

发球有以下两种形式：一是正手发球，二是反手发球。正手发球可发高远球、平高球、平射球和网前球；反手发球由于受挥拍距离较远的限制，因此无法发高远球，只能发平高球、平射球和网前球。

不管采用哪一种发球形式，均要求发球动作协调一致，有突变性，而且落点及弧度准确多变，几种发球的弧度和落点如图2-6所示，要根据战术需要选择不同的发球方式，以达到战术目的。

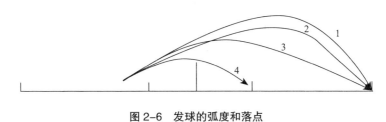

图2-6 发球的弧度和落点

一、正手发高远球

（一）正手发高远球的动作要领

1. 发球站位

站在距离前发球线1米以内的位置，可以选择靠近中心位置或前发球线处，发球后回到中心位置。

2. 发球准备姿势

将左脚置于前方，脚尖朝向球网；将右脚放在后方，脚尖倾斜并指向右前方；将双脚间隔与肩膀同宽，重心在双脚之间，以一种轻松自然的方式站立，身体稍微侧向球网。右手正手握拍，自然屈肘举于身体右侧，将球握在左手中指、食指和拇指三指之间，左手举在胸前，注视对手的站位、姿势和表情，如图2-7所示。

图2-7 发球准备姿势

3. 发球引拍动作

在准备开球时，身体稍微向左转，让左肩朝向球网方向，并将身体重心转移到右脚上；挥动右臂向右后上方摆起，从而完成引拍的动作，如图2-8所示。

图2-8 发球引拍动作

4. 发球挥拍击球动作

完成引拍动作后，将身体的重心从侧面转移到正面，并向前移动到左脚位置，开始发球。同时，抬起右脚跟（图2-9），上体微前倾，随后，右前臂向侧下方挥动至上体由侧面转向正面的同时，左手开始发球。在打球时，需留意将手腕尽量伸展，右前臂完成向侧下方挥动后，快速转换至向上方挥动（图2-10）。此时，向内旋转前臂，将腕部的运动从伸展状态转为微曲状态；在击球瞬间，手指抓紧球拍，完成快速转动手腕的动作，使球拍正面对准球，然后挥拍将球打出。

图 2-9　发球挥拍击球动作　　　　图 2-10　发球挥拍击球动作

5. 随前动作

击球完成后，右前臂会自然而然地继续内旋，随着惯性朝向左肩上方挥动（图 2-11），此时将握拍改为正手握拍，然后收回手臂至胸前。

图 2-11　随前动作

（二）正手发高远球的技术

如果想要发高远球，首先要确保球的发射高度足够高，标准就是在接球者接球时，球垂直下落。其次要远，标准则是落点垂直下落时应该恰好落在底线上。一般而言，初学者很难达到这个标准，需要进行严格的训练才能掌握发球的弧度及落点。巧妙使用高远球可以有效地拉长比赛节奏，增加对手反击时的难度，从而有效地减少我方的压力。

（三）正手发高远球易犯的错误

1. 握拍易犯的错误

握得太紧，导致无法产生爆发力，从而难以达到发出高远球的目的。

2. 站位易犯的错误

双脚平站，身体正面对着球网，双目盯着球。

3. 引拍易犯的错误

站位有误，引拍时身体无法稍向右转，身体重心不能转移，右臂也无法向右后上方摆动，只能向后方摆动，使发力机制无法形成。

4. 挥拍击球易犯的错误

过度伸直肘部，腕部动作未完全展开，挥拍动作僵硬，挥拍与放球时机不协调。击球点离身体的距离无论是远近左右，都不能极端，否则就会产生不能使用正拍面击中球，而是需要用切面击球的问题。另外，击球点高于腰部也会导致不能发挥足够的力量。

5. 随前动作易犯的错误

发球后迅速制动动作，未随惯性向左肩上方挥臂，而选择向右肩上方挥臂，回收挥臂后未及时进行握拍的调整。

要想成功打出高远球，必须刻苦钻研并仔细纠正之前的失误。

二、正手发平高球

（一）正手发平高球的动作要领

在正手发平高球中，击球时需要产生有控制力量的发力，而非最大的向前上方挥动的爆发力。此外，该动作的发球站位、准备姿势、引拍动作、挥拍击球动作与发高远球动作几乎一致，不需要向左肩上方挥动，可以在击球后便制动，随前动作也不需要太高，停顿在胸前即可。

（二）正手发平高球的技术

为了确保对手无法跳起击球，平高球的曲线应该比高远球更加平缓，使球落点在底线位置。这种发球速度比高远球更快，球在空中的时间更短，使其成为一种具有极强进攻性的发球。

（三）正手发平高球易犯的错误

正手发平高球易犯的错误同发高远球大致相同。另外，在随前动作中才开始制动也是容易出现的错误，应在击球之后立即开始制动。

三、正手发平射球

（一）正手发平射球的动作要领

正手发平射球应该比发高远球和平高球时的站位稍微靠后，这能让球的弧线更平缓。除了前臂的内旋动作不明显外，其他的准备动作、引拍动作、击球动作与发高远球的方式都基本一致。击球方向是朝前而非朝上。将手腕向左前方微微弯曲，并快速做小幅度的闪腕动作。

（二）正手发平射球的技术

发"平射"球，顾名思义，即又平又快地发球，落点一般在后场 3 号区（在后发球区靠近中线处）。这种发球对于反应慢、站位偏前且离中线较远、后场靠底线区有明显空当、动作幅度较大及摆速较慢的对手而言，是一种很有威胁性的发球技术（图 2–12）。

（a）　　　　　　　　　　　（b）

（c）　　　　　　　　　　　（d）

图 2–12　正手发平射球

（三）正手发平射球易犯的错误

正手发平射球易犯的错误与发高远球相似，但是不同之处在于难以掌控力量，容易导致球出界，路线靠近接发者，更容易受到对手的攻击。此外，还需特别关注发生击球位置不当等违规行为。

四、正手发网前球

（一）正手发网前球动作要领

站位要更靠近前发球线。引拍动作如图 2-13 所示，挥拍、击球动作如图 2-14、图 2-15 所示。发网前球与发高远球有很多共同点，但在引拍时不需要过于向右转（图 2-13），在挥拍时，应该尽量减小前臂的弧度（图 2-14），同时减小腕部的伸展。鉴于这是发网前球，所以球的飞行距离比较有限，因此，在击球瞬间，只需要施加适度的力量即可，以便控制球的方向和弧线。可以使用斜面切削击球的方法，朝向从右侧到左侧的方向（图 2-15），以便控制球的飞行轨迹和落点，随前动作无须向左肩上方处挥拍，可以在击到球后立即开始制动（图 2-16），在胸前回收即可。

图 2-13　引拍动作

图 2-14　挥拍动作

图 2-15　击球动作　　　　　　　图 2-16　随前动作

（二）正手发网前球的技术

发网前球有两种方式，一种需要确保球在越过网后不会超出前发球线，使球稳定地落在对方场地内。另一种叫作发网前冲球，一般用于单打比赛发球抢攻中，球在越过网后带有一定速度，但不再向上飞行，而是向前冲，它会先向前移动，然后再下落，落点比发球线远些，并朝着接发球者直冲而来。简而言之，球打过网后就不能再继续往上飞，而要迅速下落或稍微往前一点儿后再下落。（图 2-17）。

图 2-17　正手发网前球运行轨迹

如上图 2-17 所示，粗线表示较好的发球，细线表示不符合要求的发球。

（三）正手发网前球易犯的错误

第一，握拍过紧，导致不能完全掌控力量和减震，难以以擦网的方式发出球。

第二，站位错误。除了像发高远球一样的动作之外，站位过后也会降低成功发出网前球的可能性。

第三，在击球时，并非采用斜向从右到左的切削式挥拍，而是向上挥拍击球，采取类似发高远球的击球方式。这种方式的击球对于其飞行弧度难以把控，导致球过网后往往会继续往上飞。

第四，击球点必须在腰部以下，拍框上缘部分必须在腕部以下，否则将违反规则，需要进行修正。

五、反手发网前球

（一）反手发网前球的动作要领

1. 发球站位

站在距前发球线较近的中线位置。

2. 发球准备姿势

准备发球时，身体面向球网，右脚在前，左脚在后抬起脚跟，身体重心放在右脚上，上体稍微向前倾。右手反手握拍，同时用左手的食指和拇指夹住羽毛，让球托向下，斜放在球拍前面（图2-18）。想要更好地控制发球时的力量，可以尝试在拍柄前端握拍，并抬起肘关节，让手腕向前弯曲。

图 2-18　准备姿势

3. 挥拍击球动作

当挥拍击球时，球拍会先向后摆（图2-19），随后顺势而为向前连续挥动。用前臂向斜上方推送球拍，同时配合手腕由屈到微伸向前摆动，并利用拇指的顶力，轻轻地"切"球托的侧后部，使球向目标方向推进。

图 2-19　挥拍动作

4. 随前动作

击球后，前臂上摆至一定高度即停止（图 2-20、图 2-21）。

图 2-20 击球动作   图 2-21 随前动作

（二）反手发网前球的技术

反手发网前球的技术与正手技术趋同。

（三）反手发网前球易犯的错误

第一，站位过于靠后，导致球不容易发好。

第二，"过腰""过手"的违例动作。

六、反手发平高球

（一）反手发平高球的动作要领

发球站位、发球准备姿势、挥拍击球动作及随前动作均与反手发网前球相同，但要求在发球的瞬间，不是球拍轻柔地切击球托的侧后部，而是突然将手腕向前上方挥动，使球快速飞越发球者并落在后方发球线。

（二）反手发平高球的技术

反手发平高球与正手发平高球的技术相同，只是这种发球的隐蔽性要比正手发平高球好，威胁也更大。

（三）反手发平高球易犯的错误

第一，站位偏后。

第二，发力时拿球手的位置不对，出现"过腰"和"过手"的违例动作。

七、反手发平射球

（一）反手发平射球的动作要领

发球站位、发球准备姿势、准备挥拍击球动作及随前动作都和反手发网前球相同，但是要求在击球瞬间突然发力击球托后部，以较快的速度、较平的弧线将球发往对手后场的中线区域。这个过程与反手发网前球相似，但在击球瞬间需要加强力度以产生这种飞行轨迹。

（二）反手发平射球的技术

反手发平射球与正手发平射球的技术相同，只是这种发球的隐蔽性更好，威胁性也更大。

（三）反手发平射球易犯的错误

第一，站在过于靠前的位置，容易导致发网下球。

第二，发力时拿球手的位置不对，出现"过腰"和"过手"的违例动作。

第三节　接发球

要在羽毛球运动中表现出色，掌握好接发球这项基本技能至关重要。接发球技术的充分培养非常重要，因为这会直接影响到一局比赛中谁处于主动态势或被动态势。

一、接发球的准备姿势

（一）单打接发球的准备姿势

左脚在前，右脚在后，身体偏向球网，使得身体重心在前脚上。同时，稍微屈膝，抬起后脚跟，收紧腹部和胸部，将注意力放在对手发球的动作上。

（二）双打接发球准备姿势

双打接发球时，准备姿势和单打基本相似，但膝关节的弯曲角度需要更大，以便更容易作出后蹬跳跃的动作。有些人在准备接发球时，会采用右脚前置、左脚后置的姿势。

二、接发球的站位

接发球的站位很重要，如有错误，就会给发球方创造运用发球抢攻战术的好时机，因此，应予重视。

（一）单打接发球站位

单打接发球时应该站在距前发球线大约 1.5 米的位置，并在处于右半场时站在靠近中线的位置，防止发球方以平射球攻击头顶区域。当位于左半区时，需站在中线和边线的交汇处中间，如图 2-22、图 2-23 所示。

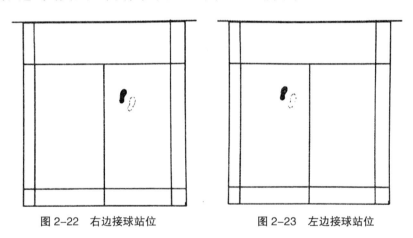

图 2-22　右边接球站位　　　　　　图 2-23　左边接球站位

（二）双打接发球站位

在双打比赛中，接发球的站位需要更加注重策略选择，一般常见的四种站位方法包括：一般站位法、抢攻站位法、稳妥站位法和特殊站位法。

1. 一般站位法

在距离中线和前发球线适当的位置站立。当处于右侧区域时，要特别注意避免将右区的后场靠中线区暴露出来。在左边区域时，注意保护头顶区。这种站法普遍被女队员和那些不常使用抢攻打法的男队员使用。

2. 抢攻站位法

站得离前发球线较近，前脚贴着线，身体向前倾斜，手中球拍高高举起。采用这种站法来支撑进攻型打法的球员多数是男性。

3. 稳妥站位法

根据前方发球线的距离，站在一定的位置，保持类似于单打时的站姿。该站位法是双打业余选手经常使用的一种过渡站位法，通常是因为无法适应对方的发球而采用的。

4. 特殊站位法

右脚站在前，这种站位法和一般站位法类似，但在接网前球时，需要右脚蹬步上网接球。

第四节　击球

羽毛球运动的击球，即把对方打出的各种弧度的来球，回击到预想的战术位置上。

根据拍面的差别，可以将击球方式分为正拍面击球法和反拍面击球法两种。根据不同的击球点和身体部位，可以将击球方式归为以下三种：上手击球法、体侧击球法和下手击球法。根据击球位置的差异，可以将其归为后场击球法、中场击球法和网前击球法。综合这三种分法，有以下多种击球方法：

一、后场击球法

（一）高远球击球法

这种击球策略可以在球场上任何一个地点使用，它以高弧度将球回击到对方底线区域。由于此球在空间滞留的时间较长且高度较高，因此对手需要退到底线才能反击，这让己方有更多的机会重新调整站位并更好地应对对方的变化，同时也能削弱对手的攻击力。

单打技术中，高远球可以使用多种技巧进行，比如，上手正手击高远球、上手反手击高远球、上手头顶击高远球、下手正手底线击被动高远球和下手反手底线击被动高远球等击球方法。

1. 上手正手击高远球

（1）准备动作要领

左脚在前，右脚在后，身体侧向球网，使左肩面向球网，同时双脚与肩同宽，将重心放在后脚上，右手握住球拍，手肘弯曲并将球拍举过头顶，同时将左手自然地抬起来。注视着来球，确保球拍面对准球网。（图2-24）。

（a）　　　　　　　　　　　　　（b）

图2-24　准备动作

（2）引拍动作要领

提起球拍后向后拉引，使身体略呈反弓状。可以选择身体左转或面向球网。此刻，将右臂肘抬高，让拍框向身后下摆，最大限度地延长引拍距离（图2-25）。

图2-25　转体引拍

（3）挥拍击球动作要领

挥拍击球动作从后脚后蹬开始，紧接着转体、收腹，肘部向前摆动，并以肩为支撑点，以肘为轴，前臂内旋加速向前上方挥动。在击球时，要协调好前臂、手腕和手指的用力方式，以获得最佳速度，即能在挥拍时产生较大的挥拍速度。手腕在内收的状态下迅速屈腕，并握紧拍柄，运用食指和拇指的顶、压动作产生爆发力（图2-26）。持拍手臂近乎伸直，以正拍面击打球托底部，击球点在右肩上方，左手跟随转体协调放在体侧。

图 2-26　挥拍击球

（4）随前动作要领

击球后，减速摆臂顺着身体惯性移至左下方，最后回收到体前（图2-27、图2-28）。身体重心转移到左侧体前，右脚向前回动一小步，为重心回到中心做准备。

图 2-27　击球后重心迁移

图 2-28　随前动作

（5）上手正手击高远球易犯的错误

准备姿势易犯的错误。握拍过紧，不够放松，手臂僵直，两脚平站，没有屈膝，身体正向面对网，以致难以产生侧身转体的连贯发力动作。

引拍动作易犯的错误。身体僵直，球拍不能下摆，反是上举，肘部僵直，无法形成挥拍动作的最长距离，以致影响爆发力，影响击球。

挥拍击球易犯的错误。准备姿势和引拍动作的错误，也就影响了挥拍击球，只能靠"推"的动作击球，而不会利用肩、肘、腕，以及腰、髋、膝相继发力产生的"鞭打"爆发力。在手腕内收状态下产生屈腕动作，出现被称为"推球"的错误动作。总之，击球时全身用力不协调。

随前动作易犯的错误。击球后，球拍不是顺惯性向左下方挥动并回收至体前，而是向右下后方挥动，影响身体重心的回动，步法上也无法回动。

上手正手击高远球是上手动作的基础，不掌握好这一基础动作必将影响吊球、杀球动作的质量。上手正手击高远球时为了争得击球时间更快、击球点更高，可采用跳起击球，但初学者一般应以不跳起击球为宜。

2. 上手反手击高远球

（1）准备动作与引拍动作要领

当对方击来反侧球、我方采用反手回击高远球时，应迅速将身体转向左后方，右脚向左脚并一步，然后左脚向后迈一步，紧接着右脚向左前跨大步即到位（图2-29、图2-30）。此时，身体背对球网，身体重心在右脚上，步法移动到位时，球在右肩上方。步法移动中要立即由正手握拍转换成反手握拍，上臂平举屈肘，使前臂平放于胸前，球拍放至左胸前，拍面朝上，完成引拍动作。

图 2-29　准备动作

图 2-30　引拍动作

（2）挥拍击球动作要领

上臂迅速向上摆，前臂快速向右斜上方摆，手腕迅速回环伸展，拇指顶压拍柄，产生爆发力，以正拍面击球托后下部，身体重心从右脚转至左脚，并迅速转体回动（图 2-31、图 2-32）。

图 2-31　击球动作

图 2-32　击球动作

（3）随前动作要领

击球后，身体随重心的转移回动成正面对网。前臂内旋，使球拍恢复至正常位置，恢复正手握拍。

（4）上手反手击高远球易犯的错误

准备及引拍动作易犯的错误。步法移动不到位，击球点控制不好，握拍太紧，而且未能及时改变握法，引拍动作无法形成挥拍的最长距离，限制了爆发力。

挥拍击球动作易犯的错误。由于握拍太紧以及引拍动作的错误，因此无法产生鞭打力量，击球时全身用力不协调，击球点太低，而且也未能击在球拍的"甜点"上，不是以反拍、正拍面击球，而是带切拍击球。

随前动作易犯的错误。击球后转体回动较慢，造成回中心的速度较慢。

3. 上手头顶击高远球

（1）准备、引拍、挥拍击球动作要领

与上手正手击高远球基本一致，不同的是做准备动作时侧身稍向左后仰，击球点在左肩或头顶左后上方。击球时上臂带动前臂，挥拍使球拍绕过头顶，从左上方加速挥动击球，而且前臂的内旋动作更明显。左脚后蹬幅度较大，收腹动作较明显，以利于更快地回动。

（2）随前动作要领

由于击球时前臂内旋较明显，因此惯性较大。球拍减速的方向是向右前下方，最后回收、回动。

（3）上手头顶击高远球易犯的错误

准备与引拍动作易犯的错误。没有在移动步法时做大侧身步，导致身体重心偏离接球点，移动不到位。因此，只能通过大幅度动作，即侧弯腰的动作来完成击球操作，因为击球点位置不当，以至于难以形成最佳挥拍距离，进而影响发挥以爆发力击球的效果。

击球动作易犯的错误。身体不够放松，握拍过紧，前臂内旋不够明显，容易导致击球出边界，难以产生良好的击球效果。

随前动作易犯的错误。左脚后撤幅度不够，导致身体向后倾斜，从而降低了快速反应的能力，影响回动的速度。

以上三种上手击高远球动作是后场基本的击球法，因此，初学者要认真学习并正确掌握。其他如平高球、平射球、吊球、杀球均以上述三种动作为基础演变而成。

4. 下手正手底线击被动高远球

（1）准备、引拍动作要领

右脚后撤一步，紧接着左脚后交叉，右脚做蹬跨，大步到位，重心在右脚上。在步法移动中，球拍从胸前经右下方后摆至右肩上，再把拍子后摆到右后下方，手腕尽量后伸，前臂稍外旋（图2-33至图2-36）。

图 2-33 准备动作

图 2-34 准备动作

图 2-35 引拍动作

图 2-36 引拍动作

（2）挥拍动作要领

在前臂内旋向前挥拍的同时，手肘屈收以产生较大的爆发力，将高远球击至对方底线（图 2-37）。

图 2-37 挥拍击球

（3）随前动作要领

击球后，拍框随惯性挥至左髋部后恢复至右后方（图 2-38）。此时，左脚跟进一小步，同时身体左转回动。

图 2-38 随前动作

（4）下手正手底线击被动高远球易犯的错误

准备、引拍动作易犯的错误。身体起动速度不快，蹬跨步太小，造成移动不到位；球的落点太靠近身体，不利于挥臂发力；引拍动作不够完善，未能形成最长距离，不利于产生以爆发力击球的效果。

击球动作易犯的错误。手指和手腕不够放松，握拍太紧，挥拍不是由右后方以正拍面向前挥动击球，而是由右后上方往前下方切击挥动，容易导致击球出边界，难以产生良好的击球效果。

随前动作易犯的错误。击球后，未能随惯性挥拍至左髋部，而是由右后上方往前下方挥动。

5. 下手反手底线击被动高远球

（1）准备、引拍动作要领

随着上体左后转，左脚尖转向左后方的同时，右脚向左脚并一步，然后左脚向左后跨一步，右脚再向左后跨一大步。在步法移动的过程中，球拍由身前经左上方引至右后下方。

（2）击球动作要领

前臂外旋，击球瞬间手腕伸展发力，击球托的后下部，拍面向前上方挥动。

（3）随前动作要领

击球之后，上身直起并向右回转，左脚跟进一步，右脚向右前方跨一步，左脚跟进一步回位，球拍回收至胸前。

（4）下手反手底线击被动高远球易犯的错误

准备、引拍动作易犯的错误。身体起动速度不快，移动太慢，最后跨步步幅太小，造成移动不到位；球的落点太靠近身体，不利于挥臂发力；引拍动作不能做到极致，未能形成挥拍的最长距离，影响击球爆发力。

击球动作易犯的错误。手腕、手指紧绷导致握拍过紧，造成前臂外旋和手腕伸展不充分，不能产生较大的爆发力。

随前动作易犯的错误。左脚未能迅速跟进一小步，上身直立并右转太慢，造成回动太慢。

（二）杀球法

杀球法指的是以较大的力量和较快的速度，将对手发来的高球以向下的弧度回击到对方的中后场区，以此迅速实现攻防转换。使用杀球可以有效地进行主动攻势并得分，是一项极为重要的技巧。

根据球拍的击打力度不同，杀球法可分为重杀和轻杀两种；根据落点的位置不同，杀球法可分为长杀和短杀（也称为点杀或半杀）两种。可以采用正手、绕头顶杀直线以及对角线。反手杀球技术要求具有非常高超的水平，只有极少数人能够进行学习和运用。

1. 正手原地跳杀球

（1）准备、引拍动作

在做准备动作时，要侧身面向球网，将右脚放在后面，屈膝并降低身体重心，这样有助于准备起跳并击球。起跳后，身体左转，同时后仰，胸部挺起，让身体成为一条弧线。紧接着，身体在空中完成一个翻转动作，同时收腹、夹臂，上臂微抬，以肘部为主驱动摆动，并快速挥下臂向前上方挥出，腕部向后自然伸展，从而扩大挥拍的范围（图2-39至图2-41）。

图2-39　准备动作

图 2-40　引拍动作

图 2-41　引拍动作

（2）挥拍击球动作

为了实施击球动作，需要迅速向前上方挥动前臂，当球到达肩膀前上方的击球点时，前臂内旋，同时将手腕内收并前屈闪腕发力。同时，手指紧缩，握紧拍柄，使手腕成为击球时的发力点。此时，应该让球拍与水平面保持小于 90° 的角度，接着以拍面正面击球托的后部，让球快速向下直线飞行，如图 2-42 和图 2-43 所示。

图 2-42　击球动作

图 2-43　击球动作

（3）随前动作

杀球后，紧接着随前动作，前臂会因惯性而自然向体前收回，此时是右脚在前、左脚在后的姿势。如图 2-44 和图 2-45 所示。

图 2-44　随前动作

图 2-45　随前动作

（4）易犯的错误

与正手击高远球基本相同，不同的是击球瞬间球拍与水平面的夹角，高远球应大于 90°，杀球应小于 90°。

2. 正手突击杀球

（1）准备、引拍动作

身体向右侧转，后脚跨出一步，随即快速弹起。起跳之后，需要让身体向后倾斜，并且牵引腹部肌肉和胸大肌，让球拍自然地向着身体的后下方摆动，这样可以延长挥拍的距离，增加效果。

（2）挥拍击球动作

在进行挥拍击球的动作时，可以利用右上臂的力量，让前臂迅速向前上方挥动球拍。同时，手腕也要从向后伸展变为向前臂内旋至屈收，用力握紧球拍并收紧腕部，以爆发力击球。此刻，拍面与水平面之间的夹角稍微低于 90°。

（3）随前动作要领

球拍随惯性带动回收到胸前，落地时右脚在后，左脚在前，并迅速回动。

3. 绕头顶杀球

（1）准备、引拍动作要领

左脚向后移一步，右脚迅速侧身向左后退一大步并快速起跳，让身体保持弓形姿势，增加挥拍的运动弧度，从而顺畅地完成挥拍动作，如图 2-46 至图 2-48 所示。

图 2-46　准备动作

图 2-47　引拍动作

图 2-48　引拍动作

（2）挥拍击球动作要领

凌空转体、紧绷腹部、迅速发力等动作与起跳杀球时的动作基本相同，如图 2-49 和图 2-50 所示。

图 2-49　击球动作

图 2-50　击球动作

（3）随前动作要领

与原地跳杀动作基本相似，不过在着地时要特别注意左脚后撤的幅度，以保持身体的平衡，并且能更快地回动，如图 2-51 所示。

图 2-51　随前动作

（4）易犯的错误

击球时拍面与水平面应小于 90°，不然就难以击出较大力度的球。

4. 反手杀球

（1）准备、引拍动作要领

向左后转身前交叉步后退三步，同时反手握拍子，前臂收回至胸前，右肩微内收，完成引拍动作，如图 2-52 和图 2-53 所示。

图 2-52　准备动作

图 2-53　引拍动作

（2）挥拍击球动作要领

先向上挥动前臂，接着将球拍从左前下方向右前下方挥动。此时，以左脚为支撑点，聚集腰、腹和肩部的力量，同时带动上臂和前臂作出鞭打动作，使球拍向上方后侧挥动。在进行击球的时候，需要紧握住球拍，并且快速地外旋和后伸压腕，如图 2-54 和图 2-55 所示。

图 2-54　击球动作

图 2-55　击球动作

（3）随前动作要领

击球后，需要进行前臂内旋，以便将球拍带回到体前，并降低身体的重心，同时需要快速转动身体。

（4）易犯的错误

与上手反拍击高远球易犯的错误基本一致。但不同的是，击球瞬间拍回动。此外，击高远球时拍面与水平面之间形成的夹角大于 90°；进行反手杀球时球拍面与水平面之间的夹角小于 90°。

（三）吊球

1. 正手快吊（劈吊）

准备、引拍、击球、随前动作要领。与击高远球的动作要领基本相同，但在球员击球时，需要调整拍面的运行角度，这样可以更加准确地击出球。例如，在对角网前击出快吊球时，球员应该向对角方向挥动拍面，减速挥动球拍并击向球托的右侧后下部，从而使球飞向对角网前。要使球快速飞向球网，需要将球拍以直线快速挥动，并在拍面从右上方向左上方弧形运动的同时，轻轻切击球托的正面后下部。这种技巧能够让球在飞行过程中维持直线飞行，并快速到达目标位置。如图 2-56 至图 2-59 所示。

图 2-56　准备动作

图 2-57　引拍动作

图 2-58　击球动作

图 2-59　随前动作

2. 正手慢吊（轻吊、近网吊）

（1）准备、引拍、击球、随前动作要领

与击高远球动作要领基本相同，但存在拍面运行角度的改变。比如，慢吊对角网前，拍面向对角方向减速挥动，轻柔切击球托右后下方，使球向对角网前呈弧线飞行；又如，慢吊直线，使拍面从右上到左上呈弧形减速挥动，轻柔切击球托正后下方，使球弧线飞行至直线网前。吊球的三种飞行弧度，如图 2-60 所示。

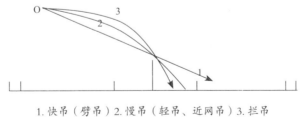

1.快吊（劈吊）2.慢吊（轻吊、近网吊）3.拦吊

图 2-60　吊球的三种飞行弧度

（2）易犯的错误

与击高远球易犯的错误几乎一致，不同之处在于正手慢吊对角时切击的力量更小，若慢吊时过网路线过高，容易被对方上网扑杀。

3. 正手拦吊球

（1）准备、引拍动作要领

就准备而言，右脚在前，左脚在后，身体向前略微倾斜，膝盖微弯，拿着球拍的手自然悬在胸前。当对方进行正手挥拍时，退后一步躲避，迅速向右后方跳起，并将右臂自然地对着右上方摆到极限位置。

（2）击球动作要领

在击球瞬间，弯曲手腕，让球拍轻轻地正面击打球托的后下部，让球在靠近网的地方掉落。

（3）随前动作要领

因为击球动作较轻，所以球拍可以很自然地回到胸前。

（4）易犯的错误

除了基本上与击高远球易犯的错误相同外，还会有击球过重的情况。因此，关键在于在击球瞬间施加轻微的力量，这样才能达到拦吊的效果。如果力量过重，则无法实现此目的。

4. 绕头顶快吊球

准备、引拍、击球和随前动作要领。首先，做好准备，正确引拍；其次，击球时要迅速改变拍面的角度，例如，对角网前快吊（亦称为劈吊）就需要在挥拍的瞬间让拍面向对角线的方向减速；最后，手腕作出弧形外展闪动，切击球托左侧后下方，使球快速、呈直线地飞向对角网前。当快吊直线网前，则使拍面向直线网前减速并向直线方向挥动，同时在击球瞬间，手腕做内收闪动，切击球托的右侧后下部，使球快速飞向直线网前。

5. 绕头顶慢吊球

（1）准备、引拍、击球和随前动作要领

与绕头顶快吊基本相同，唯一区别在于在击球瞬间要掌握好对力度的控制，让球以曲线的形式飞行，最终在靠近网前的近网区落地。

（2）易犯的错误

与绕头顶快吊球近似。

6.反手慢吊球

（1）准备、引拍动作要领

与反手击高远球动作基本一致。

（2）挥拍击球动作要领

前臂迅速由左肩下方向右上方挥动，同时手腕内收闪动，并切击球托的右下部，击球瞬间保持拍面与水平面的夹角略大于90°，并且要有前推的动作，避免吊球落网。

（3）随前动作要领

与反手击高远球动作要领一致。

（4）易犯的错误

准备、引拍动作与反手击高远球易犯动作错误相同。除此之外，在运动过程中并没有采用前臂向外旋转的挥动方式，只是进行了前后挥动和手腕闪动。没有内收切击动作，仅有伸腕动作。这些都是错误动作。随前动作和反手击高远球时容易出现相似的错误。

以上介绍了高球、吊球与杀球的基本技术动作要领。其中较重要的是正手高远球、绕头顶高远球及反手高远球，这些动作要领掌握好了，其他的吊球和杀球则多是相似的动作，只不过在击球的瞬间有所改变，如吊球，在击球瞬间改为切击动作，力量小一些，击球点不同罢了。而杀球与高远球则是在击球瞬间手腕闪动角度不同，虽然都要求以正拍面击球，但拍面与水平面的夹角不同，高远球夹角大于90°，杀球则小于90°。准备、引拍和挥拍击球前的前期动作基本都是一致的，只是在击球的瞬间有所改变，此即高水平技术要求的高度一致性。到了高级阶段，动作一致性越好，技术的威胁性越大，战术作用也越大。因此，初学者一定要掌握好基本技术动作要领，把对方击来的后场高球，以向下的弧度回击到对方的网前区，这种吊球可以调动对方的位置，有利于我方组织进攻。

二、中场击球法

（一）下手中场正手挑高远球

1. 准备、引拍动作要领

右脚向右侧跨出一步，根据来球的位置决定跨步大小，到位击球。随步法移动的同时，右上臂稍向右后摆，前臂稍外旋，手腕后伸到极限，形成挥拍的最长距离（图 2-61、图 2-62）。

图 2-61　准备动作

图 2-62　引拍动作

2. 击球动作要领

右前臂向前略有外旋地快速挥动，手腕在击球瞬间由后伸至快速屈收，拍面向上方挥动（图 2-63）。

图 2-63　击球动作

3. 随前动作要领

击球后，前臂挥至体前上方，然后回动至准备姿势（图 2-64）。

图 2-64　随前动作

4. 下手中场正手挑高远球易犯的错误

准备、引拍易犯的错误。右脚未向右侧跨出一步，而是上体向右侧倾斜，导致重心移动不到位，引拍动作未能形成挥拍的最长距离。

击球动作易犯的错误。前臂向前外旋不充分，手腕快速屈收不够，拍面向上挥动不够，造成球向上飞行的弧度未能达到高远球的要求。

（二）下手中场反手挑高远球

1. 准备、引拍动作要领

右脚向左侧跨出一步到位，上体稍向左后侧转，球拍引至左侧后，前臂稍内旋，拍面朝上（图 2-65、图 2-66）。

图 2-65 准备动作

图 2-66 引拍动作

2. 击球动作要领

在前臂往前挥动的同时，手腕由外展至内收伸腕，手指突然紧握拍柄，以产生的爆发力击球托的后底侧部，使球向上飞行（图 2-67）。

图 2-67 击球动作

3. 随前动作要领

击球后，球拍随身体的回转回动至胸前（图 2-68）。

图 2-68 随前动作

4. 下手中场反手挑高远球易犯的错误

准备、引拍动作易犯的错误。上体左后侧转不充分，使得球拍无法引至左侧后，拍面不能朝上，引拍动作未能形成挥拍的最长距离。

击球动作易犯的错误。手腕的屈伸发力不够，击中了球托后底部，以致球飞行线路比较平直，达不到击高远球的要求。

随前动作易犯的错误。上体的回转、回动和球拍的回收太慢，影响下一回合的准备。

以上介绍的是单打上手、下手的中场球回击高远球的动作要领与易犯的错误，这些基本技术是羽毛球运动的基础手法和步法，初学者必须严格按动作要领练好基本功，纠正易犯的错误，使基本技术正确、规范，为进一步提高羽毛球技术打下良好的基础。

（三）接杀球

运动员可以利用击球技巧接住对手发来的球，并将球反击回去落在对手场地内，这个动作被称为接杀球。在羽毛球比赛中，扣杀是主要的攻击策略。因此，接杀球成为防守的关键技能。

针对不同的战术要求，接杀球可以分为正手接杀球和反手接杀球两种。在比赛中，可以根据情况采取多种不同的方式应对，包括挡网前球、挑后场高球以及平抽反击球等。

1. 挡网前球

挡网前球是指运动员把对方杀来的球，借用来球力量及用手腕、手指的力量，"反弹"式地把球回击到对方网前场区内的击球方法。

挡网前球技术：有右、左场区接杀近身球，接杀边线球、挡回直线网前球，挡回对角线网前球。

（1）右场区接杀近身球动作要领

右脚向右侧跨一步，两脚略比肩宽，平行站立，上体向右后侧转动至左肩对网，右脚蹬直，球拍向右侧后引对准来球。接杀时，握拍要松，预摆动作要小，借来球的力量以及手腕外展闪腕的同时，食指、中指往拇指方向轻微提拉，其余手指突然紧握拍柄，击打球托中下部位。击球瞬间，手腕、手指控制好拍面角度，使球刚飞越球网后下落。挡回直线网前球时拍面正对球网并稍向后仰；挡回对角线网前球时，则需调整拍面方向，朝对方网前的斜对角。

（2）左场区接杀近身球动作要领

左脚向左侧迈一小步，右臂屈肘反手握拍于左侧身前，小臂内旋，手腕外展，球拍后引对准来球，上体向左后侧转动至右肩对网，左脚蹬地。接杀时，握拍要松，预摆动作要小，借来球力量以及小臂外旋、手腕伸直闪动，食指、中指轻微提拉，其余手指突然紧握拍柄，击球托的中下部位。接杀瞬间，用手腕、手指控制好拍面角度，使球刚飞越球网后便下坠。

接杀近身球挡回对角线网前球的动作要领与接杀近身球挡回直线网前球的动作要领基本相同，只是上体转体速度要快一些，击球时及早轻挥球拍，击球点稍前一些。击球瞬间，正手击球手腕内收，反手击球手腕后伸，使拍面朝对方网前斜对角。

（3）右场区接杀边线球动作要领

右脚向右侧跨一大步，随步移动球拍引至右侧，上体侧向右侧，小臂侧伸稍屈肘并略外旋，手腕后伸，球拍向右后引。接杀瞬间，小臂稍内旋，手腕由后伸至内收闪动，击球托的侧下部。击球后，球拍随身体移动回收胸前，准备封网。

（4）左场区接杀边线球动作要领

左脚向左侧跨一大步，随步法移动使身体稍向左侧转，右臂屈肘向左摆，手腕外展反手握拍，球拍引至左肩前。击球时，小臂外旋，手腕伸直轻挥拍挡切。

击球后，球拍随着身体回动收于胸前，准备封网。

接杀边线球、挡回对角线网前球的动作要领与挡回直线网前球的动作要领基本相同，不同之处只是上体转体速度要快一些，以便掌握拍面角度，及早轻挥球拍，击球点稍前些。击球瞬间，正手击球手腕内收，反手击球手腕后伸，使拍面朝对方网前斜对角。

2. 挑后场高球

挑后场高球是指运动员利用小臂、手腕和手指力量，把对方杀来的球挑高、回击到对方后场底线去的击球方法。挑后场高球有正手、反手上网被动挑高球和正手、反手接杀边线球挑后场高球。

正手上网被动挑高球动作要领。判断来球，快速垫步上网，持拍手前伸，小臂外旋，手腕伸展，将拍子引至右侧下方。击球时，小臂内旋并回收，手腕由伸到屈闪动击球，在右侧下方击球托的后底部，把球向前上方挑起。击球后，后撤回位，拍子收回胸前。

反手上网被动挑高球动作要领。判断来球，左脚向前移一小步后后蹬，上体稍左转，右脚向左前跨一大步，反手握拍由身前引向左下方，肘部向前。球将落地时，上体前屈，后脚跟进一小步呈弓箭步。球拍快速前挥，手腕由屈到伸闪动，击球托后底部。击球后，上体直起，脚后撤回位，收拍于胸前。

正手接杀边线球挑后场高球的动作要领。右脚向右侧跨一大步，同时握拍手向右侧引拍，右臂稍向右后摆并略外旋，手腕后伸到极限，使球拍迅速后摆。击球时，以肘部为"支点"，右臂急速向前挥动，手腕由后伸直闪动，拍面对准来球，击球托中底部。击球后，小臂内旋，球拍向体前上方挥动，收拍回位。

反手接杀边线球挑后场高球动作要领。右脚向左脚并一步后，左脚向左后侧跨步，上体向左后转，左脚蹬地，右脚向左后侧跨一大步。反手握拍，球拍由身前引至左后下方。击球时，球拍由左后下方经小臂的外旋和手腕的伸展，发力击球托的后底部，使球向前上方飞去。击球后，上体直起回转，脚移动回位，回收球拍于胸前。

3. 平抽反击球

平抽反击球是指运动员把对方击来的离身体较远的平高球反击到对方后场去。平抽反击球有反手平抽反击球、正手平抽反击球两种。

平抽反击球动作要领。站于球场中心附近，两脚左右开立，两膝微屈，面向球网，右手持拍于体前，判断来球，左（右）脚向左（右）侧跨步到位，引拍至左（右）侧后。反手平抽反击球，小臂由内旋转为外旋，手腕由外展至稍内收闪动，手指突然握紧拍柄，多用拇指的反压力，向前稍靠上挥拍击球；正手平抽反击球，小臂由外旋转为内旋，手腕伸直闪动，手指握紧拍柄，多用食指的力量向前发力挥拍击球。不论是反手平抽反击球还是正手平抽反击球，击球点都应争取在身体的侧前方，以利于手臂发力。击球后，球拍随身体的回转收于胸前。

4. 抽球

抽球是指运动员把对方击来的低于肩高的球回击到对方底线场区的击球方法。抽球的击球点低，其用力特点是以躯干为竖轴做半圆式的拍击球动作。它属于防守性技术，是应对对方的长杀、半场球和平球对攻的反攻性技术。如此技术发挥得当，抽球往往也能起到守中有攻的效果。

抽球有正手、反手抽底线球。

正手抽底线球动作要领。准确判断来球，快速移动步法，左脚蹬地，右脚向正手底角跨出，侧身向网，上体向右后倒，重心在右脚。正手握拍，手臂向右举拍，大臂与小臂约呈 120° 角。准备击球时，小臂外旋伸腕，球拍后引，拍面稍后仰。击球时，主要靠小臂带动手腕、手指"抽鞭"式向前挥拍，小臂由外旋到内旋，腕部由伸到屈闪动击球。向前上方用力击球呈高远球，向前方用力击球则呈平球。

反手抽底线球动作要领。准确判断来球，快速移动步法，左脚蹬地，右脚向反手底角跨出，上体前倾背对网，重心在右脚。反手握拍将球拍举于左肩上方。击球时，大臂带动小臂、手腕和手指沿水平方向快速向后挥拍，手臂基本伸直时，小臂外旋，手腕后伸用力闪动击球。向后上方用力击球呈高远球，向后方用力击球则呈平球。

5. 平高球击球法

平高球击球法可以在球场任何位置上使用一定的弧线把球回击到对方底线区。这种球速度相对于高远球更快，弧线的高度以比对手起跳击球的高度更高为标准。如果对方反应、起动和移动速度不够快，那么就很容易处于被动的局面。这项击球技术的重点在于积极主动地进攻，能够有效提升我方攻击力，在比赛中制造更多的机会。其中高远球与平高球、平射球的抛物线如图 2-69 所示。

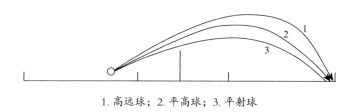

1. 高远球；2. 平高球；3. 平射球

图 2-69　高远球与平高球、平射球的抛物线

平高球可分为上手正手击平高球、上手反手击平高球和上手头顶击平高球三种。

平高球击球动作要领。准备、引拍、随前动作要领与高远球击球动作基本一致，只是在击球瞬间拍面与地面几乎垂直，并击球托的后下部，使球飞行速度快，抛物线平。

平高球击球易犯的错误。由于平高球击球动作要领与高远球击球动作要领基本一致，因此易犯的错误也有共同点。另外，平高球还会出现飞行速度慢和抛物线稍高等情况。

6. 平射球击球法

平射球在空中的飞行时间比平高球更短，飞行速度更快，特别是正手直线平射球威胁性更大一些，对一些反应起动慢、腰部柔韧性不好的对手威胁更大。但是，平射球只适用于两边线直线球，不宜用于对角线球。

平射球可分为上手正手击平射球、上手反手击平射球和上手头顶击平射球。

平射球击球动作要领。准备、引拍、击球、随前动作的要领与击高远球基本一致，不同的是在击球瞬间拍面与地面垂直，并击中球托的后中下部，使球的飞行弧度比平高球更平，速度更快。

平射球击球易犯的错误。击平射球易犯的错误与高远球易犯的错误相同，而且击平射球还会出现飞行抛物线高、速度慢等错误。

三、网前击球法

网前击球的技术包括搓球和放网前球等。这些技术具有攻击性强的特点，能够构成威胁，常常直接导致得分或制造下一次进攻机会，因此是很重要的技术。以下是掌握网前击球技术，以增加其威胁性的关键要素：

第一，击球点高，并保持稳定。通常建议球员在挥拍时将击球点定在距离网顶约 30 厘米或更高的位置。保持击球的前期动作一致性非常关键，同时要确保握拍的松紧适度，以便运用手腕和手指的灵活性来作出突然改变发球方向的动作。

第二，需要拥有准确判断的能力，反应迅速。要完成高击球，必须先具有步法迅速启动、移动精准到位的先决条件。

第三，挥拍速度快，同时具有出色的控球能力。在进行搓、推和勾前期动作时，除了要注意步法准确、迅速到位以及占据高击球点外，还需迅速将前臂向前上方抬起，同时稍稍向前伸出球拍，以确保动作的连贯性。在击球时，根据需要的战术，灵活运用搓、推、勾等多种技巧，以增强击球的威力。

擅长搓、推、勾、扑击球技术需要具备相当高的要求，因为这些技巧对于打球的力度和拍面击球的角度影响较大。控制击球力量的关键因素包括身体前冲力、手臂、手腕和手指，而调整拍面角度则需要巧妙地运用手腕和手指的协作。要想获得精准的控球能力和落点，需要准确地掌握击球技术、力量和拍面角度。

第四，要有高超的战术能力，善于在不同的情况下运用灵活多变的策略，并能够快速地适应和调整战术计划。要想灵活运用搓、推、勾、扑等击球技巧，需要具备高度敏锐的战术意识。在对手回击网前球后，如果他急速后退，那么我方应该采用搓球技巧。当对手回击网前球后反应迟缓，或想阻止我方反复搓球时，我方可以考虑使用推球等技巧。

（一）搓球击球法

从距离网顶 30 厘米或更高的位置开始，我方使用球拍对球托进行搓切击球，使球向左或向右旋转并翻滚过网。如果我方的旋转翻转技巧达到了较高的水平，那么对手要想进行有效的反击就会更加困难，因此，这能够让我方更容易占据有利的攻击位置。

搓球这项技能可以分为正手搓球和反手搓球两种不同的方法。

1. 正手搓球

（1）准备动作要领

右脚位于前方，左脚位于后方，两脚相距略宽于肩，右手自然握住球拍，举至胸前，身体稍向前倾，收腹，如图 2-70 所示。

图 2-70　准备动作

（2）引拍动作要领

采用后交叉步加蹬跨步至右网前区。前臂随步法伸向右前上方，并有外旋，手腕稍向后伸，完成引拍动作，如图 2-71 所示。

图 2-71　引拍动作

（3）挥拍击球动作要领

在挥拍击球瞬间，需要让前臂外旋，然后手腕后伸并稍向前内收闪动。同时，握拍手的食指和拇指夹住拍柄，紧握拍柄的还有中指、无名指和小指。通过手腕和手指的协同用力，在球拍与球接触的瞬间施加搓切力，使球沿着右下方向产生旋转并跨越网，呈现出翻滚的状态。击球时的力量、速度和击球角度主要由球离网的距离和速度决定，如果球离网越远，速度越快，则需要更大的力量来搓球；如果球离网近且速度较慢，搓球时需要的力量就稍小一些。总的来说，在进行网前击球时，必须用力适度，还要掌控拍面的技巧，否则就可能会搓球下网或过高，导致失误或者处于被动局面。如图 2-72 所示和图 2-73 所示。

图 2-72 击球动作

图 2-73 击球动作

（4）随前动作要领

击球后的动作应是将球拍收回到胸前，同时收回右脚，如图 2-74 所示。

图 2-74 随前动作

（5）易犯的错误

准备姿势易犯的错误。握拍过紧，手臂过度伸直，双脚平站，身体直立过于僵硬。这些错误可能会减缓起拍速度，使手腕不够灵活。

发力引拍动作易犯的错误。起动过慢、无法准确到位、前臂未能向前上方伸展等，这些错误会导致击球点过低。

挥拍击球动作易犯的错误。即在引拍动作时，拍框头部高于拍柄与拍框交接处，在高点搓球时以及拍面搓球时角度不正确，导致搓球无法越过网而失误。

随前动作易犯的错误。在击球后未将球拍及时回收至胸前，导致球拍垂向下，同时步法回动过慢。

2. 反手搓球

（1）准备动作要领

与正手搓球准备动作基本一致，如图 2-75 所示。

图 2-75　准备动作

（2）引拍动作要领

先采取前交叉步的方式，再蹬跨步来到网前的左侧区域。随步法移动改为反手握拍，将前臂上举并使手腕前屈，使拍面低于网顶而手背与网高度相等。这样，就能够使用反拍拍面迎球。如图 2-76 所示。

图 2-76　引拍动作

（3）挥拍击球动作要领

击球瞬间，主要靠前臂的前伸和外旋、手腕内收至外展的方式来调整拍面的倾斜角度，以便在击球时能够搓切球托的右侧后底部，如图 2-77 和图 2-78 所示。

图 2-77　击球动作

图 2-78　击球动作

（4）随前动作要领

在击球后，立即将右脚回移到初始位置，并同时将球拍收回至胸前。

（5）易犯的错误

与正手搓球的基本动作类似。

（二）放网前球击球法

相比于搓球，放网前球的优势在于球在过网后没有旋转和翻滚，而且会落在更靠近网的位置，这样可以更好地应对球场上各种回球位置，比如，远网球或者被动球等。这种击球技术能够打击对手，为己方创造有利的进攻机会。需要注意的是，在某些情况下搓球并不适用，因此，需要巧妙地选择使用放网前球。

放网前球可以分为正手放网前球和反手放网前球两种。

1. 正手放网前球

（1）准备与引拍动作要领

与正手搓球基本相同，如图 2-79 所示。

图 2-79　准备动作

（2）挥拍击球动作要领

为了确保有效击球，击球点应定在腰际以下。在击球时，不是使用搓或切的方式，而是将球拍轻轻向上提起，接着碰触球托后底部，使球在过网后垂直落下，如图 2-80 所示。

图 2-80　击球动作

（3）易犯的错误

与正手搓球易犯的错误基本相同。

2. 反手放网前球

（1）准备与引拍动作要领

与反手搓球基本相同，如图 2-81 所示。

图 2-81　准备动作

（2）挥拍击球动作要领

击球点在腰际以下，击球瞬间不是用搓、切的动作，而是轻轻向上提，碰击球托后底部，使球过网后垂直下落，如图 2-82 所示。

图2-82　击球动作

（3）随前动作要领

与反手搓球基本相同。

（4）易犯的错误

与反手搓球基本相同。

（三）勾球击球法

勾球是把对方击来的网前球用勾的动作将球回击到对角网前区，球的飞行速度快，当球朝对角飞越过网顶时，不能离网太高，最好是贴网而过。这是一种主动进攻的技术，如能与搓球、推球结合好，则战术效果更佳。

勾球可分为正手主动勾球、正手被动勾球及反手主动勾球、反手被动勾球四种。

1.正手主动勾球

（1）准备动作要领

与正手搓球基本相同。

（2）引拍动作要领

与正手搓球动作相同，以并步加蹬跨上右网前。

（3）挥拍击球动作要领

在击球瞬间，需要将前臂略微向内旋，并向左拉收，手腕则要由后伸至内收闪腕，然后用挥拍的动作拨击球托右下部分，使球向对角线网前方向飞去。

正手被动勾球与正手主动勾球动作基本相同，击球点会靠下一点儿。

2.反手主动勾球

（1）准备动作要领

与反手搓球基本相同。

（2）引拍动作要领

与反手搓球动作相同，以并步加蹬跨上右网前。

（3）挥拍击球动作要领

在击球瞬间，前臂应稍微外旋，并向右拉收。手腕从前伸状态变为内收闪腕，在挥动球拍的过程中，需要集中力量挥拍拨击球托的左侧下部，使得球可以向网前对角线方向飞去。

反手被动勾球和反手主动勾球动作基本一致，但是击球点会靠下一点儿。

（4）随前动作要领

击球后球拍回收至胸前，此时，身体重心朝左场区转移，用前交叉步回动至中线靠左边的中心位置，以利于回击对方重复放网前球。

（5）易犯的错误

与正手搓球易犯的错误基本相同。

（四）扑球击球法

1.正手扑球

（1）准备动作要领

与正手搓球动作趋同，如图2-83所示。

图2-83　准备动作

（2）引拍动作要领

先抬起左脚，使其离开地面，然后用右脚向网前的方向蹬跃起来，当进行蹬跃时，需要将前臂稍微向上抬并微微外旋，同时在腕后伸的过程中，对握拍的方式进行微调，需要将虎口对准拍柄的宽面，略松开小指和无名指，使得拍柄远离鱼际肌。如图 2-84 所示。

图 2-84　引拍动作

（3）挥拍击球动作要领

击球瞬间，手腕由后伸内收闪动至外展，使球拍从右侧向左侧挥动发力。如球离网顶较近则应采用自右向左的"滑动式"挥拍扑球（或称"拨球"），以免球拍触网犯规，如图 2-85、图 2-86 所示。

图 2-85　击球动作

图 2-86　击球动作

（4）随前动作要领

击球后，球拍随手臂往右侧下回收。

2. 反手扑球

（1）准备动作要领

与正手扑球动作相同。

（2）引拍动作要领

左脚先蹬离地面，然后右脚向右网前蹬跃起。在蹬跃的过程中，前臂前伸将球拍上举，手腕外展，拇指顶压在拍柄的宽面上，食指和其他三指并拢。

（3）挥拍击球动作要领

击球瞬间，手臂伸直，手腕由外伸至内收闪动，手指紧握球拍，拇指顶压发力，自左至右加速挥拍击球，如图 2-87 所示。

图 2-87　反手扑球

（4）随前动作要领

击球后，立即屈肘，手腕由内收至外展，放松回收。

（五）下手正手网前被动挑高远球

（1）准备、引拍动作要领

左脚垫步前移，右脚向正手网前跨一大步，右脚尖稍朝外。球拍前伸，前臂外旋，手腕伸展，将拍子引至右侧下方。

（2）击球动作要领

前臂内旋，屈腕发力，以正拍面击球托的后下部，并向前上方挥动。

（3）随前动作要领

击球之后，球拍向前上方挥动并制动，用垫步迅速回位。

（4）下手正手网前被动挑高远球易犯的错误

准备、引拍动作易犯的错误。起动和移动太慢，蹬跨步太小，右脚尖朝内，造成移动不到位，引拍动作未能形成挥拍的最长距离，不利于产生爆发力。

击球动作易犯的错误。握拍太紧，不能产生较好的爆发力，未以正拍面击球。

随前动作易犯的错误。击球之后，球拍未制动，挥得太高，未能迅速回动而是向前跟进。

（六）下手反手网前被动挑高远球

（1）准备、引拍动作要领

左脚向左前移一小步，同时，上体稍侧左转，左脚后蹬，右脚向左前方跨一大步到位。球拍由身前引向左下方，拍面朝上，上体前屈。

（2）击球动作要领

左脚跟进一小步，形成稳定的弓箭步，手腕由外展至内收，由微屈至伸展，手臂由下向上挥动击球。挑球时应注意，如来球离网较远时，拍面和挥拍动作向前上方挥动击球，如果球离网较近时，拍面应以由下向上提拉的动作挥动击球。

（3）随前动作要领

左脚跟进一小步，身体重心上提，球拍随惯性向前上方减速，身体恢复至准备动作时的姿势。

（4）下手反手网前挑高远球易犯的错误

准备、引拍易犯的错误。起动、移动太慢，左脚未先移一小步，右脚立即向前蹬跨一大步，造成移动不到位，引拍动作未能形成挥拍的最长距离。拍面不是向上，而是向网。手腕形成明显的屈腕动作，不利于产生爆发力。

击球动作易犯的错误。由于引拍动作的错误，造成击球时发力不佳。来球近网时，提拉动作向上不够，造成下网。

随前动作易犯的错误。左脚跟进一大步，身体重心上提不够，造成向前太多，回位太慢。

（七）推球击球法

推球击球技巧是一种在网前用球拍将球推击到对方后场底线的技能。这种打法球路平稳，速度较快，让对手难以应对。

推球可以分为四种方式：正手推直线球、正手推对角线球、反手推直线球和反手推对角线球。

1. 正手推直线球

（1）准备动作要领

将右脚放在前面，左脚放在后面，脚距比肩宽稍微宽一些。右手紧握球拍，自然地悬于胸前，身体微微向前倾斜，并含胸、收腹。

（2）引拍动作要领

用后交叉步加蹬跨步至网前右区，前臂随步法移动伸向右前上方并外旋，手腕稍向后伸，球拍跟随着向右下方后摆，确保拍面对准来球方向。

（3）挥拍击球动作要领

击球瞬间，前臂内旋，带动手腕由后伸到屈腕闪动，并特别注意运用食指的推压力量。球过网飞行弧度的高低，取决于击球瞬间击球点的高低和拍面角度的大小。

（4）随前动作要领

击球后，球拍回收至胸前，右脚回蹬回位。

2. 正手推对角线球

（1）准备、引拍动作要领

与正手推直线球相同。

（2）挥拍击球动作要领

击球瞬间，前臂内旋，带动手腕由后伸到屈腕闪动，并运用食指的推压力量。击球点靠近肩侧前，采用由右至左的挥拍击球路线。

（3）随前动作要领

与正手推直线球动作相同。

（4）易犯的错误

与正手推直线球易犯的错误相同。

3. 反手推直线球

（1）准备动作要领

与正手推直线球动作要领相同。

（2）引拍动作要领

用前交叉步加蹬跨步至网前左区，前臂随步法移动伸向左前上方，并向左胸前收引。此时，肘关节微屈，手腕外展，手心朝下。

（3）挥拍击球动作要领

击球瞬间，前臂稍外旋，手腕由外展到伸直闪腕，中指、无名指、小指突然紧握拍柄，拇指顶压拍柄。击球点在左侧前，推击球托的后部，使球沿直线较低的抛物线飞向对方后底线。

（4）随前动作要领

击球后，球拍回收至胸前，右脚回蹬回位。

4. 反手推对角线球

（1）准备、引拍及随前动作要领

与反手推直线球相同。

（2）挥拍击球动作要领

与反手推直线球基本相同，只不过击球点在反边近肩侧方，击球托的左侧后部，使球朝对角线方向飞行。

（3）易犯的错误

与反手推直线球易犯的错误基本相同。

第五节　提高击球质量的五大要素

在羽毛球比赛中，拥有高超的运动技巧是运动员获胜的关键。一位成功的羽毛球运动员需要具备高水平的击球技巧，其中包括球速快、落点准确、路线独特以及变化多样等特点，这样才能充分挑战对手，并使其面临最大的困难，迫使其犯错或无法跟上自己的步伐，最终夺取比赛的胜利。高品质的出球需要奉行"快、准、狠、活"的原则。而击球质量会受到许多方面的影响，包括来球状态、击球意识和技术等方面。现就一些基本的、直接影响打球质量的因素进行探讨，如果这些因素能够协调好，那么就会提高击球质量。

一、如何制造合理的弧线

球员将羽毛球击出后，由于重力作用，它会在飞向对手球场的过程中形成一条弧线。即使是非常有力的杀球，也不例外，只是球在飞行时的曲线程度会小一些。球拍击打羽毛球时所产生的轨迹被称作球的弧线。掌握弧线的知识有助于深入理解羽毛球的飞行规律，从而能够准确识别对手的发球并精准地控制回球的轨迹，以此来实现主动压制对手、稳步赢得比赛的目标。

球的弧线包括以下几个方面的内容：一是弧线的长度，也就是球运行的实际轨迹的长度；二是弧线的曲度，也就是弧线的弯曲程度；三是打出距离，也就是弧线投影在地面上的直线距离；四是羽毛球飞行的方向。

羽毛球弧线的特征在于球出手时的弧线较平缓，但随着时间的推移，弧线逐渐变大，直至末端变成自由下落的垂直状态。要提高羽毛球运动的表现，需要利用羽毛球制作材料、球体结构、形状和空气阻力相互作用的规律，制造出对羽毛球运动有特殊意义的弧线。

弧线的制造需考虑到羽毛球技术需求的差异，就比如中后场的击高远球和吊球，这两种战术所需要的弧线是不同的。高远球必须要让球的弧线曲度大，让飞行距离更远，羽毛球飞行的方向是底线高远球；吊球需要弧线曲度小、飞行距离较短，以便让球近距离地落入对方场内，羽毛球飞行的方向是近网短球。要制造符合各种技术要求的弧线，需要采取一系列措施。

首先，要明白影响弧线质量的主要因素有两个：一是弧线的曲度，二是弧线打出距离。需要在保持敏锐触感的同时，有意识地管理球的弧线曲度和打出距离，以确保每次击球都准确而有效。其次，需要明确对弧线的不同技术要求。例如，在进行击高远球时，高要多高，远要多远，后场击高远球时，需要施加怎样的力度和角度才能使球呈现出所需的弧线和距离。比如，在后场击平高球，平到什么程度，远到什么程度，此外，必须学会如何控制拍形角度和拍面方向，以及如何调节击球的力量和用力方向。根据公式 $S = \dfrac{V^2 \sin 2\theta}{g}$ 可知，羽毛球的击飞距离 S 与球拍给球速度 V 的平方成正比，与 $\sin 2\theta$ 成正比，但是与重力加速度的大小成反比。所以，要想将球打到一定的远度，就需要控制击球力量和角度。当球拍与击球线路之间的角度为 45° 时，需要的击球力最小；如果角度大于或小于 45°，则需要更多的击球力。因此，在羽毛球运动中，需要根据拍形随时调整击球力度。拍形决定击球的角度，力量决定球的初速度。只有将它们巧妙地结合起来并恰当地运用，才能使球符合弧线要求。

二、如何加快击球的速度

球的速度是指球被球拍击出后在空中飞行的快慢。显而易见，羽毛球的速度概念并不完全等同于速度公式 v=s/t 所表达的意义，而有其本身独特的内容。羽毛球的速度包括以下两个含义：一个是指球本身飞行的速度，被称为"绝对速度"；另一个是测算运动员将球在多长时间内击向对方场地的速度，也被称为"间接速度"。"绝对速度"的提高好理解，只要球员击球的作用力大，球的飞行速度就快。若想增加"间接速度"，需综合考虑多项复杂因素。最初的反应会受到对方击球的位置和方式的影响。击球方式、击球时间、力量大小、弧线高低以及落点远近，都会对球的表现产生影响。例如，当回击对方网前球时是在球下降前期击球还是下降后期击球，应该选用什么样的击球技术，是采用扑球技术，还是挑高球，回球的速度受到多种因素的影响，包括球员打球的位置，球落在对手的前场、中场或后场等因素。在羽毛球比赛中，快是羽毛球技术的关键，球的速度快可以在比赛中调动对方、限制对方，直至在比赛中获得胜利。因此，研究球的速度不仅涉及技术方面，还涉及战术和战略的紧密联系。

如何提高球的速度？具体有以下几种方法：

第一，加快回球速度。需要加强击球的力度，精确掌握球拍的倾斜角度和面向方向，掌握合适的球的弧度和落点，并找到最佳的击球位置。

第二，加快判断速度、移动速度及前后场技术、正反手技术的连接速度。它们相互关联、相互影响、相互协同，只有同时增强，才能有效地提高球速。

第三，提高速度素质。换句话说，要加快反应速度，提高步法移动的快慢。若要加速动作，应专注于加强对手臂、手腕和手指的灵活性和反应能力的训练。此外，需要将速度和力量融合起来，增强速度耐力，才能确保在球赛中拥有更快的速度。

三、如何加大击球的力量

提高击球威力就是让球员在挥拍时加大力度，增加球拍的作用力。羽毛球的发球力度直接影响击球的品质。如果你能够发挥出足够的力量，你的对手就很难及时反应。即使他们猜测你的方向，也可能因为没有足够的时间移动脚步，导致回球失误。球的速度主要由击球力量所决定。根据牛顿第二定律的陈述，物体所承受的加速度与施加的力量成正比，但与物体的质量成反比。可以用数学公式 $F=ma$ 来表示。球的质量一定，因此，施加在球上的力 F 越大，其加速度就越大。F 是由球员挥动球拍产生的力。对同一位球员来说，所使用的球拍质量也是一定的，因此，想要增加他的击球力量，必须提高挥拍的加速度。加速度就是速度改变的速率，表示单位时间内速度的改变。根据公式 $a=(V_0)/t_0$ 推断，击球前挥拍速度 V_0 应为 0。当挥拍速度加快时，所需的时间 t_0 缩短，此时加速度的大小会增加，因此，对于增强羽毛球击球力量来说，可以采取的方法是提高挥拍的加速度。而要提高加速度，可以增加挥拍的即时速度。在具体击球时，增加击球力量，可以尝试以下几种方法：

第一，可以增加挥拍的加速距离。当加速距离变大时，球拍会储存更多的能量，这意味着在击球时它能将更多的能量传递给球，使得球的速度也跟着增加。当拍（或球）的质量 m 不变时，若动能增加，速度 v 也随之增加。速度 v 的增加会导致加速度 a 增加，进而作用力 F 也会增加。

第二，需要协调身体不同部位的运动，以达到成功击球的目的。要快速挥动球拍单凭前臂和手腕是不容易的，必须运用腰部的扭转、腿部的蹬地，以及上臂、前臂、手腕和手指的力量。这涵盖了局部肌肉自身施加的力量和来自其他部位肌肉的动量。最后，这些力量联合起来，共同完成快速挥拍的动作。

第三，在击球之前需确定身体放松。要使身体的肌肉松弛下来，特别是主要的肌肉，并进行适当的伸展。在打球之前握拍也要放松，待到需要发力击球时再紧握球拍。采用这种方法不仅能发力击球，还不易疲劳。

第四，选择恰当的击球点。只有在选择合适的击球点之后，才能充分发挥挥拍动作的作用，并成功地进行击球。正确的击球点是发挥击球力量的关键。

第五，提高球员的体能水平。这种训练主要致力于增强手指、手腕、前臂内旋外旋的力量，加强上臂绕环力量，提升腰部的扭转能力，增强伸展腰部的力量，锻炼下肢的跳、蹬力量。关键在于提高爆发力，这是身体力量提升中至关重要的一环，也是提高击球力量的根本。

四、如何加强击球的旋转

羽毛球网前搓球动作是基本技术中唯一能使球体产生旋转、改变飞行轨迹的击球技术。搓出的球，运行轨迹不规则，出现左右、上下旋转，对方难以掌握回击球的方向，影响击球的稳定性。加强击球的旋转可以从以下三个方面着手：

第一，击球拍面角度。根据来球距离的远近，调整拍面击球的角度。来球离网较远时，击球拍面应前倾，以斜拍面搓击球托；来球离网较近时，击球拍面倾斜角度加大，以近似水平面向前搓捻切击球托，此时有两种搓球动作，即收搓和展搓。正手的收搓动作，击球时手腕由展腕至收腕发力，由右向左以斜拍切击球托；正手的展搓动作，击球时手腕由收腕到展腕发力，拍面由左向右以斜拍面切击球托。

第二，击中球托部位。以正手搓球为例，收搓时由右向左以斜拍切击球托的右后侧部位，使球下旋翻滚旋转过网；展搓时，拍面由左向右以斜拍面切击球托的左后侧部位，使球上旋翻滚旋转过网。

第三，击球力量。正手搓球主要靠食指的力量，反手搓球主要靠拇指的力量，并掌握好拍面角度和切击球托的部位，靠拍面与球的摩擦力使球体旋转过网。击球力量过小，球体只能在原地旋转，难以向前运行过网；击球力量过大，球就会向上弹起，不旋转，则球托难以在拍面上形成一定的黏滞、搓切状态，球体则不易产生旋转。

五、如何打出较好的落点

要打出比较理想的落点，就需要将球准确地击打到对手场内的特定位置。这个位置被称为球的落点。通常情况下，我们可以把球的落点分为几个区域，比如，将球打到到对方场地的前部、中部和后部。而这些区域又可以分成左、中、右三个部分。因此，球场可以被分为九个击球区域，这些区域是广泛练习的基本落地区。在比赛中，球员只需有能力、有意识地控制球的落点，并将球有效地击向这九个区域的周围地带，就可满足技战术要求。

第六节 羽毛球步法

在羽毛球运动中，步法是一项至关重要的技巧。常见的步法有上网步法、后退步法和两侧移动步法。

一、上网步法

（一）跨步上网

1. 二步跨步上网步法

以左脚向球的方向迈出一步开始，紧接着快速地用右脚跨出较大的一步到位击球。如图 2-88 所示为右侧两步跨步上网步法，如图 2-89 所示为左侧两步跨步上网步法。击球后右脚蹬地，迅速回位至球场中心位置。

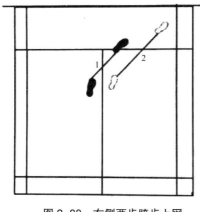
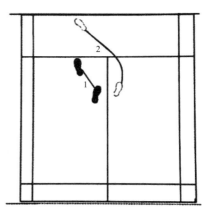

图 2-88 右侧两步跨步上网　　　图 2-89 左侧两步跨步上网

2. 三步跨步上网步法

首先，向着来球的方向右脚迈出一小步；其次，左脚向前迈出一步；最后，再右脚迈出一大步到位击球。如图 2-90 所示为右侧三步跨步上网步法，如图 2-91 所示为左侧三步跨步上网步法。击球后右脚蹬地，迅速回位至球场中心位置。

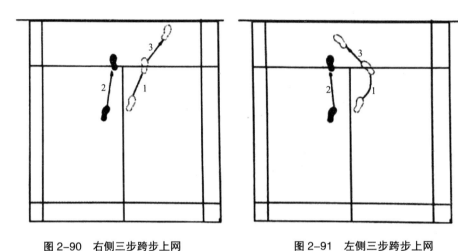

图 2-90　右侧三步跨步上网　　　　　　图 2-91　左侧三步跨步上网

（二）前交叉步加蹬跨步上网步法

左脚先向前迈出一步，落地同时抬起右脚，然后左脚蹬地向前迈出一大步，到位击球。如图 2-92 所示为右侧前交叉步加蹬跨步上网步法，如图 2-93 所示为左侧前交叉步加蹬跨步上网步法。击球后右脚蹬地迅速回位至球场中心位置。

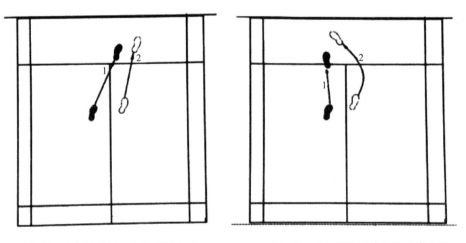

图 2-92　右侧前交叉步加蹬跨步上网　　　图 2-93　左侧前交叉步加蹬跨步上网

（三）后交叉步加蹬跨步上网步法

首先，右脚先向前跨出一小步；其次，左脚从右脚后跨出一步；最后，左脚蹬地，使右脚跨出一大步，到位击球。如图 2-94 所示为右侧后交叉步加蹬跨步上网步法，如图 2-95 所示为左侧后交叉步加蹬跨步上网步法。击球后右脚蹬地，迅速回位至球场中心位置。

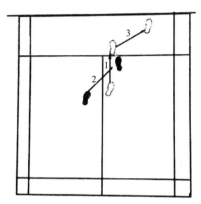
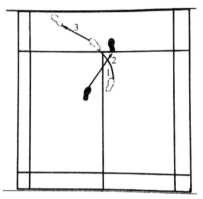

图 2-94　右侧后交叉步加蹬跨步上网　　　　图 2-95　左侧后交叉步加蹬跨步上网

（四）蹬跳步上网步法

在站位略微靠前的情况下，当预测对手会重复打网前球时，可以双脚蹬地并迅速跳向网前，采用扑球技术击球，目的是在球越过网后立即还击。当对手试图反击己方的网前球时，应该站位稍微靠前，右脚稍稍向前迈出小步调整，利用脚落地时的力量蹬跳侧身扑向球网。在使用蹬跳步上网步法时，要注意着地制动和缓冲，以防止触网或越过对方场界线的犯规行为（图 2-96、图 2-97）。

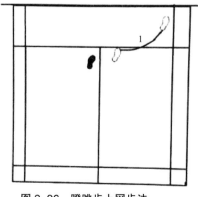
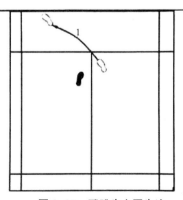

图 2-96　蹬跳步上网步法　　　　　　　图 2-97　蹬跳步上网步法

垫步或交叉步上网。在确认对方球的落点后，首先向右踏出一小步，其次立即用左脚快速跟上并放在右脚前方（或者从右脚后交叉迈出），此时需用力用左脚的内侧踩实地面，最后采取弓箭步，右脚插步向前，同时身体前倾，保持姿势稳定，以便准确地接球。击球后，前脚朝后蹬地，采用垫步、交叉步或并步撤至中心位置。在网前采用垫步或交叉步的好处在于其较强的步伐调整能力，就算是在被动情况下，运动员仍可以应用这种迅捷的步法和有力的蹬力，快速调整脚步来迎击来球。进行垫步或交叉步上网时的注意事项与跨步上网类似。

蹬跳上网。蹬跳上网是在预判来球的基础上，利用脚蹬地扑向球网，以便在球越过网时迅速反击。这是比赛中广泛应用的步法，用来上网并扑出球。这种步法站得比较靠前，一旦对手有打网前球的意图，略微提起右脚并起蹬侧身扑向网前，在击球后应立即退回到球场中心位置。在进行蹬跳上网时，需要迅速而又稳定地完成动作，以避免因前冲力过大而导致触网或越过中线的违规行为。

（五）反手上网步法

无论是正手上网还是反手上网，都要保持正确的身体姿势，这非常重要。要求最后一步到位击球时，保持右脚在前、左脚在后的身体姿势。要完成反手上网，需要用和正手上网一样的脚步移动技巧。然而，在起步时，要快速将髋部向左前方扭转，让身体右侧斜对着反手网前的击球点位置进行旋转动作，也可以在移动的过程中完成，以便于朝左前方移动。

在上网移动到位制动时，为维持身体的平衡，也为了更好地回动和击球，需要注意利用背肌力量来克服上体向前的运动惯性，以避免身体过度向前倾斜。

二、后退步法

（一）正手后退步法

1.并步后退步法

先以右脚向右后方退一步，并将髋部向右后方扭转。然后左脚并步靠近右脚，再将右脚后转至到位。左脚再向前迈一小步，左脚在前、右脚在后，使身体侧向球网并做好击球准备（图2-98）。

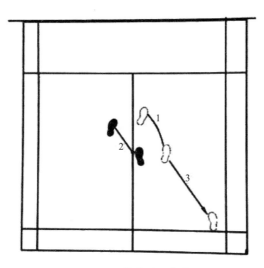

图 2-98　并步后退步法

2. 交叉步后退步法

右脚向右后侧身退一步，同时髋部向右后转移，接着左脚从右脚后交叉退一步，左脚在前、右脚在后，形成侧身对网的击球准备动作（图 2-99）。

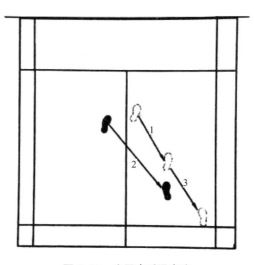

图 2-99　交叉步后退步法

3. 并步加跳步后退步法

前两步同并步后退步法一样，但第三步采用了侧身双脚起跳来打球，最后双脚着地（图 2-100）。

图 2-100　并步加跳步后退步法

（二）头顶后退步

使用头顶后退步时，可以采取多种不同的形式，包括头顶并步后退步法、头顶交叉步后退步法和头顶侧身步加跳步后退步法。

1. 头顶并步后退步法

在向右迅速转动髋关节和上体的同时，右脚向后退一步。接着，采用并步的方式左脚靠近右脚位置，然后将右脚后移至到位，此时左脚也会跟进走一步。这样就形成了一个准备击球的姿势，即侧身面对网，左脚在前、右脚在后（图2-101）。

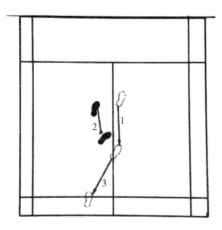

图 2-101　头顶并步后退步法

2. 头顶交叉步后退法

采用头顶交叉步后退步法即在快速向右后方旋转髋关节和上身的同时，右脚向后迈出一步。然后，左脚从右脚后方交叉后退一步，紧跟着将右脚再次向后移动到位，最后让左脚跟进一步，左脚在前、右脚在后，侧身对准球网，做好击球的准备动作（图2-102）。

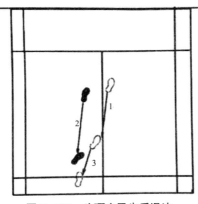

图 2-102　头顶交叉步后退法

3. 头顶侧身步加跳步后退步法

头顶侧身步加跳步后退步法是适用于快速突击抢攻打法的后退步法。当髋关节和上半身快速向右后转动时，右脚向后退一步，紧接着右脚向后蹬地跳起，使身体后仰。角度较大，在空中完成挥拍击球的动作。左脚空中做交叉动作后落地。上体收腹，使右脚着地，重心落在右脚上，并且也为左脚的快速回动提供了便利（图2-103）。

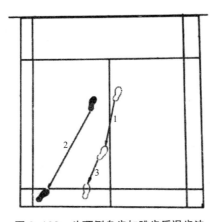

图 2-103　头顶侧身步加跳步后退步法

（三）反手后退步法

反手后退步法是一项通过后退步来应对对方左后场高球并使用反手技巧进行回击的技能。根据击球点的距离，选择采用一步、两步或三步来移动。

1. 一步反手后退步法

如果离球的距离比较近，可以采用一步转体后退击球。流程如下：首先，将身体的重心转移到左脚；其次，以左脚为轴心使身体向左后方旋转；再次，右脚向击球点方向迈出一大步；最后，背对着网进行击球。

2. 两步反手后退步法

如果离球的距离稍远，可以使用两步反手后退步法。执行方法如下：先利用左脚朝左后方迈出一小步，然后将身体向左转动，随后右脚向左后方跨出一大步，采取背向球网的身体姿势来进行击球。或者可以右脚先往后退一步，再用左脚向左后方跨出一步，以侧身的形式到位击球（图 2-104、图 2-105）。

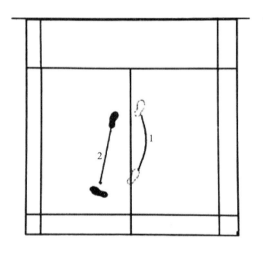
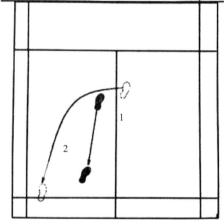

图 2-104　两步反手后退步法　　　　图 2-105　两步反手后退步法

3. 三步反手后退步法

在离击球点比较远时，可采用三步（或更多步）反手后退击球。右脚先向左脚移动一步（或交叉退一步），再用左脚向左后退一步，接着上体左转，右脚向左后方大步迈出，最后背对着球网完成击球动作。不论用什么方式移动，关键是在最后一步，要尽可能地靠近击球点，这将有助于完成击球动作（图 2-106）。

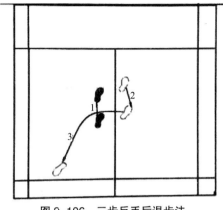

图 2-106 三步反手后退步法

三、两侧移动步法

中场球回击步法通常会使用两侧移动步法。这种步法适合于接住对手的平射球或接杀球。

（一）左侧移动步法

1.迅速迈左脚法

当判断球会落到离身体较近的落点时，立刻将身体重心转移到右脚上，右脚掌并向内侧用力蹬地，同时左脚向左侧大步移动至到位，以便正对球网击球（图 2-107）。击球后左脚掌内侧蹬地回位。或判断来球左脚向左侧跨一步不能到位时，将重心落在左脚，以左脚前掌为轴向左转髋，同时右脚内侧用力蹬地，从左脚前向左侧跨一大步到位，背对球网击球（图 2-108），击球后右脚掌回蹬回位。

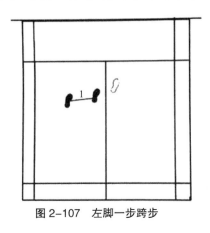

图 2-107 左脚一步跨步

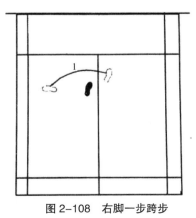

图 2-108 右脚一步跨步

2.两步蹬跨步法

判断来球落点离身体较远时,左脚先向左侧移一小步,紧接着右脚向左侧蹬跨出一大步,背对球网到位击球(图 2-109)。击球后迅速回位至球场中心位置。

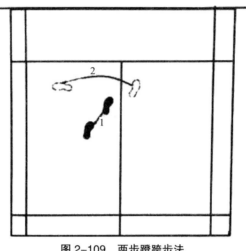

图 2-109　两步蹬跨步法

(二)右侧移动步法

1.一步蹬跨步法

当球靠近身体时,可以将身体重心向左脚移动,随着髋关节的扭转,右脚随着转动,同时向右侧跨出一大步到位击球(图 2-110)。

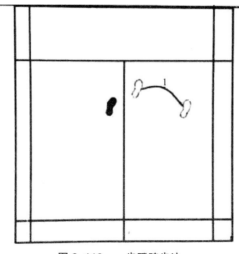

图 2-110　一步蹬跨步法

2. 两步蹬跨步法

当来球离身体较远时，左脚应先向右侧移一步，然后右脚向右侧蹬跨出一大步到位击球（图 2-111）。

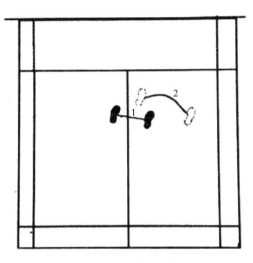

图 2-111 两步蹬跨步法

（三）左侧跳步法

如对方来球弧度较平，可采用左脚向左侧移一步跳起突击（图 2-112）。

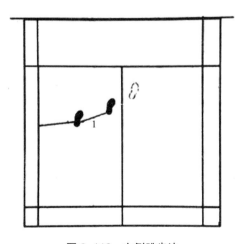

图 2-112 左侧跳步法

（四）右侧跳步法

如对方回击右场区且来球弧度较平，可采用右脚先向右侧移一步后跳起击球（图 2-113）。

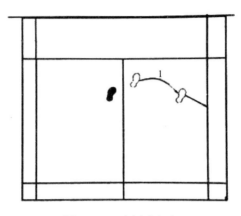

图 2-113　右侧跳步法

第三章　羽毛球基本技术训练

本章主要讲述羽毛球基本技术训练，从五个方面进行讲述，分别是单打基本技术、前场击球技术、中场击球技术、后场击球技术以及双打的基本技术。

第一节　单打基本技术

一、击球前站位准备姿势

羽毛球运动对抗速度较快，击球前的准备姿势决定着快速回击对手来球的质量高低，所以，准备姿势在比赛过程中具有重要的作用。

在准备接球之前，需要采取以下基本姿势：双脚自然分开，与肩同宽，与持拍手同侧的脚前移半步，两脚后跟自然提起，前脚掌触地，膝盖弯曲，身体重心略微下降，以持拍手为支点，微微弯曲肘部，展开手腕，同时将拍头抬至胸前。以标准准备姿势在场地的中央位置持拍，无论对手将球投向哪一点，都能以最短的距离和最快的速度挥拍击球。

（一）单打基本站位

进行接球前的基本准备姿势，考虑到后场击球相对于前场击球稍有难度的情况，我们可以选择将单打击球前的基本站位位置（中心点）设置在场地二分之一中心点稍偏后一小步的位置上（图3-1）。

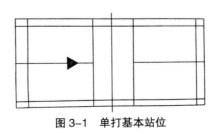

图3-1　单打基本站位

（二）进攻站位

在进行主动进攻准备时，两脚开立，呈斜步站位姿势（图3-2，以右手持拍为例），进行前后方向的移动。

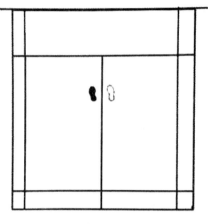

图3-2　进攻站位

（三）防守站位

在进行被动防守准备时，为了更好地向两侧平行移动防守，建议双脚开立距离略大，使重心降低，同时左右开立时采用平步站位姿势（图3-3）。

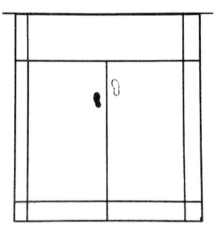

图3-3　防守站位

在掌握了基本站位方法的基础上，应根据实际情况及战术需要，因时因地地选择单、双打比赛中适当的站位。

二、单打发球技术

（一）单打发球的姿势和种类

就发球的方式而言，单打发球可分为正手发球和反手发球两种不同的动作。一般情况下，在单打比赛中，通常会采用正手发球的姿势，而在双打比赛中，则更倾向于使用反手发球的方式。

在球的飞行角度和距离方面，发球可被归为四类：发后场高远球、发后场平高球、发后场平射球和发前场小球（图3-4）。

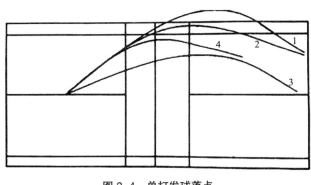

图3-4　单打发球落点

1. 发后场高远球

发后场高远球通常采用正面拍击的方式，将球高高抛起，飞到最高点后，球突然掉头，垂直落至端线附近。因为这种球的落点位于对方端线附近（图3-4中的位置1），所以可以有效地调动对方远离中心位置，削弱其进攻的威力，同时也增加了对方接下一拍球的难度，因此，在单打中被广泛采用。

2. 发后场平高球

发后场平高球是一种以正、反拍面为基础的发球方式，通过击出飞行弧线来降低发后场高远球的高度（图3-4中的位置2）。在单、双发球区域的端线附近，发球规则的要求因落点视单、双打发球而异，且需要考虑距离远近。建议将球的飞行高度设置在对手无法拦截的情况下。由于飞行轨迹的限制和球速的相对优势，配合发前场小球使用可以增加对手接发球的难度。

3. 发后场平射球

发后场平射球是一种以正、反拍面为基础的发球方式，其飞行弧线比后场平高球低得多（图3-4中的位置3）。这类球近乎在网中擦肩而过，直接瞄准对方后场的一端线，其球速迅猛，冲击力强，是单、双打抢攻战术中广泛采用的一种发球方式。在实际操作中，当接发球方未做好充分准备或接发球站位出现空缺时，发这种球能够使其快速和突变的威力发挥出来，使接发球方处于被动状态或不得不出现失误。

4. 发前场小球

发前场小球是一种利用正、反拍面摩擦击球的技巧，使得球在轻轻擦过网后，落在对方前发球线附近的一种高效发球方式（图3-4中的位置4）。由于其低飞行弧线和短距离的特点，因此该发球方式能够有效地限制对手的扣杀进攻，在单、双打比赛中被广泛采用。

（二）单打发球的站位

在单打比赛中，发球的站位距离与前发球线约为1米（图3-5）。在场地的中央位置进行发球，可以有效地抵御来自前后左右等任何距离和落点的进攻。然而，在选择发球站位时，我们可以根据个人的习惯和场上战术的需要，灵活运用各种技巧和策略。

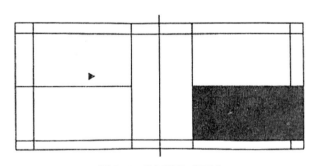

图3-5　单打接发球区域

（三）正手发球准备姿势

两脚自然分开，左脚在前，脚尖对网，右足向后移动，脚尖略向一侧倾斜，身体重心位于右足上方。以左手手指夹持羽毛球球托与羽毛结合之处，缓缓抬起至胸前，右手正手握拍放松屈举至身体后侧，呈发球前的准备姿势。

无论是发后场高远球、发后场平高球、发后场平射球，还是发前场小球，我们必须在发球前保持一致的准备姿势，增加隐蔽性，让对方在我方发球前不明虚实，增加其判断的难度。

（四）正手发球技术

第一，以发球准备姿势站立，持球的手松手放球，拿拍的手臂向外旋转带动前臂充分伸腕，从下至上沿半弧形进行回环引拍动作。

第二，随着引拍动作的进行，身体同步旋转，身体重心向左脚移动。当挥拍至身体右侧前下方，身体旋转至接近于面对球网的位置时，准备进行击球动作。

注意：发球最佳球点在左脚尖的右前下方。

第三，击球动作。下面分别介绍发平射球、发平高球、发高远球和发小球的击球动作。

正手发平射球击球动作。击球点在规则允许的范围内尽量略高，拍面与地面呈近似 95° 的仰角，前臂内旋，带动手腕快速闪动，屈指向前发力击球。关键是击球动作小而快，爆发力和目的性强。

正手发平高球击球动作。必须确保击球点位于右前下方，略高于发高远球的击球位置。在击球的过程中，前臂的力量带动手腕施加力量，拍面与地面的夹角不超过 45°，向前推进并击球。球的飞行弧度的精准掌控是关键所在。若拍面仰角过大，所击出之球将难以达到战术目标；若拍面仰角较小，那么球的发射角度较低，就会增加被对手拦截的可能性。

正手发高远球击球动作。当拍面与球接触的瞬间，上臂与前臂迅速内旋，带动手腕快速向前方屈指展腕闪动发力，用正拍面将球击出。

正手发小球击球动作。击球时握拍要松，前臂前摆，以手指控制力量收腕发力，用斜拍面往前推送切击球托，使球轻轻擦网而过，落入对方前发球区内。为了控制好击球力量，引拍动作较发高远球要小而柔和一些，发球后收腕，以收腕姿势制动结束。

在击球后，身体的重心完全转向左脚，持拍手随着击球后的惯性动作自然地向头部左前上方挥动，手腕伸展。

三、单打接发球技术

将对方的发球回击至对方场区叫接发球。竞赛是公平的，发球方控制着发球的主动权，接发球方却掌握着第一击球的主动权（将球由半场接发球区域任意还击到对方的整个场区）。

（一）单打接发球种类

根据不同的发球类型，接发球可分为前场和后场、正手以及反手的不同姿势。

第一，接发球搓、放小球。在对方发前场小球质量不佳、球速缓慢、我方判断准确、击球点较高的情况下，我方采用斜拍面摩擦击球的方式，使球旋转翻滚，从而贴网落至对方前场区域，采用接发球搓小球的方式。在对方发前场小球质量较高、我方接球相对被动（击球点接近地面）的情况下，抬击球托，使球擦网而过，贴网落至对方前场区域（图3-6中的位置3）。

第二，接发球勾对角小球。这种接发球技术将对方发至前场的小球通过斜对角线路勾至对方前场区。

第三，接发球挑、推后场球。通过将对方发往前场的小球以较高或半高的飞行弧线击至对方后场区域，从而实现接发球（图3-6中的位置4）。接发球推球弧线较接发球挑球低。

第四，接发球扑球。通过将高弧线小球送至前场网，以向下飞行的轨迹将球从网顶扑至对方场区，从而实现接发球。

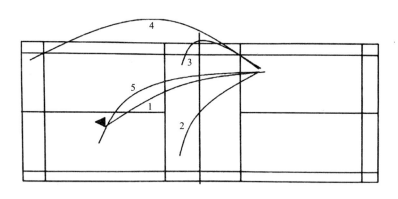

图3-6 单打接发球球路

以下是针对后场球接发的回击类别：

第一，接发球击高远（平高）球是一种将对手送至后场的球按高或半高弧线回击至对方后场端线附近的接发球方式（图3-7中的位置2）。比起回击高远球，接发回击平高球的飞行弧线更低，速度更快，且更具有攻击性。

第二，接发球击吊球。通过斜拍面，沿着从上到下的飞行轨迹，将对方送至后场区域的球击向对方前场区域。

第三，接发球击杀（抽杀）球是一种将对手送至后场的球沿着由上至下的飞行轨迹，精准地击中对方中场区域的技巧（图3-7中的位置4）。

当后半场的球以高弧线过来时，可以运用扣杀技巧进行回击；当接发一条弧线较为平直的球时，可采用抽杀球回击。

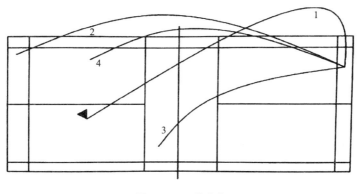

图 3-7 回球球路

（二）单打接发球站位

单打接发球站位应距离前发球线1.5米。在左发球区接发球，一般选择有效发球区域中心位置站位（图3-8），以便能照顾到发至前后左右各种落点的球。在右侧的发球区进行发球动作，一般在有效发球区域的中心位置略微靠近中线的位置进行站位（图3-9）。

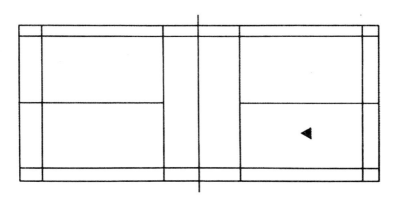

图 3-8 单打左区域接发球站位

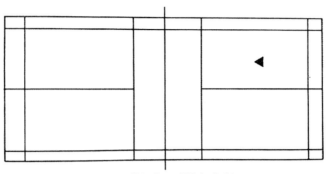

图 3-9 单打右区域接发球站位

（三）接发球准备姿势

左脚在前，全脚掌着地；右脚在后，前脚掌着地。双膝稍屈，重心在左脚上。右手持拍自然举放在胸前，左臂自然屈肘于左侧，保持身体平衡，两眼注视前方，判断对方的发球方向，准备接发球。

（四）接发球战术

接发球的方法是多种多样、千姿百态的，没有统一固定的模式。接同一种发球，由于选手个人的打法不同、特点不同和技术水平不同，因此在接发球技术运用上也不同。

1. 前场正手接发球技术

（1）判断起动

以正手前场接发球步法向来球方向移动，同时持拍臂稍稍屈肘，外旋半弧形引拍，以准备接发球。

（2）击球动作

下面分别介绍正手接发球的搓网前小球、勾对角小球、挑球、推球和扑球的击球动作。

①正手接发球搓网前小球击球动作。运用身体向前跨步的冲力，以斜拍面大于 120° 的仰角拍面，向前摩擦推送击球。为了使球在击球时出现旋转现象，需要掌握适度的力度，避免击球时施加的力量过大，但是击球用力也不能过小，否则接发球搓球就不会过网了。

②正手接发球勾对角小球击球动作。收腕内旋，以拇指、食指转动拍柄，向网前斜对角方向发力击球。

③正手接发球挑球击球动作。击球点较低，用与地面大于90°的仰角拍面，前臂内旋，食指和拇指收紧拍柄，展腕发力。

④正手接发球推球击球动作。手腕迅速内旋，食指发力拨动拍柄，以球拍与地面呈近似90°的夹角内翻拍面击球。

⑤正手接发球扑球击球动作。击球点高于球网顶部，前臂快速内旋，以球拍与地面小于90°的夹角拍压击球。

（3）回动

在完成接发球动作后，持拍手以自然的状态收回身体前方，向中心位置回移。

2. 前场反手接发球技术

（1）判断起动

反手前场接发球时，向来球方向移动，反手握拍向来球方向伸出，同时前臂微屈做内旋半弧引拍动作，准备击球。

（2）击球动作

下面分别介绍反手接发球搓网前小球、勾对角小球、挑球、推球和扑球的击球动作。

①反手接发球搓网前小球击球动作。以身体向前跨步的冲力为基础，利用食指和拇指内旋转动球拍，以近似120°的斜拍面向前摩擦推送搓球。

②反手接发球勾对角小球击球动作。手腕外旋，拇指前顶，其余四指收紧拍柄，向网前斜对角方向发力击球。

③反手接发球挑球击球动作。击球点较低，前臂外旋，拇指前顶，用与地面呈大于90°的夹角拍面，收腕发力接球。

④反手接发球推球击球动作。球拍与地面夹角近似90°，前臂迅速外旋，拇指前顶，手腕向前方外翻拍面击球。

⑤反手接发球扑球击球动作。击球点高于球网顶部，前臂快速外旋，用球拍与地面小于90°的夹角，拇指前顶，向前下方拍压击球。

（3）回动

击球后，持拍手自然收回体前，脚步退回中心位置呈接发球前准备姿势。

3. 后场接发球技术

根据不同的来球位置，接发后场可采用正手和头顶两种姿势击球。正手和头顶接发后场球技术的动作轨迹基本相同，只是击球点略有差异。正手接发后场击球点在身体右侧右肩上方，而头顶接发后场击球点在身体左后侧头顶或左肩的上方。

（1）判断起动

用接发后场球步法向来球方向移动，同时上臂外旋带动前臂后仰回环引拍，身体重心在右脚上，准备起跳击球。

（2）击球动作

下面分别介绍接发球回击高远（平高）球、吊球和劈球、杀球、抽杀球的击球动作。

①接发球回击高远（平高）球击球动作。击球点在头前上方，上臂带动前臂迅速内旋向上挥动，将力传递至手腕，手指发力，用正拍面于地面呈稍大于 90° 的夹角（击平高球）和接近 120° 的仰角（击高远球）将球击出。

②接发球回击吊球和劈球击球动作。击球点比回击平高球和高远球靠前约 10 厘米，上臂带动前臂迅速内旋向上挥动，通过手腕和手指控制击球力量（劈球比吊球力量大），用球拍面与地面夹角呈小于 90° 的斜面（劈球比吊球击球角度更大）切击球托右侧（头顶击球切击球拖左后侧）。

③接发球回击球杀球动作。身体充分后仰呈弓形展开，击球点比回击吊球再靠前约 5 厘米，上臂带动前臂迅速内旋向上挥动，最后通过手腕和手指发力，用与地面呈近似 75° 的夹角将球击出。

④接发球回击抽杀球击球动作。手臂迅速内旋、后倒回环引拍，用与地面呈90° 左右的夹角拍面向前挥动击球。

（3）回动

击球后，持拍手随惯性动作向身体左前下方挥动并迅速将拍收回体前，脚步向中心位置跟进回动，做好下次接球的准备。

（五）接发球移动步法

1. 正、反手前场接发球移动步法

以单手接发球准备姿势站立，正手前场接发球时，判断来球方向后左脚蹬地，右脚向身体右前来球方向跨大步，然后击球（图 3-10）。击球后，脚步向场地中心位置移动，准备接下一个来球。

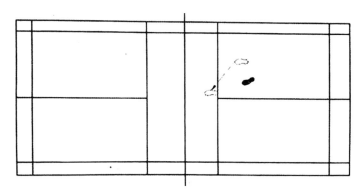

图 3-10　正手前场接发球

反手前场接发球时，则判断来球方向后，右脚蹬地向身体左前来球方向跨步，然后接球（图 3-11）。

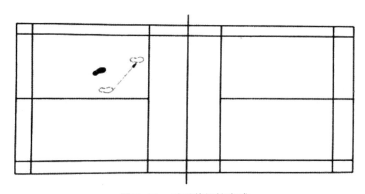

图 3-11　反手前场接发球

2. 接头顶、正手后场发球移动步法

以单打接发球准备姿势站立，头顶后场接发球时，双脚向身体左后侧来球方向蹬地，同时右脚回退第一步，身体重心则会集中在右脚上，配合上肢击球动作，向身体左后侧方向交叉起跳接发球（图 3-12 的 A）。

正手后场接发球时，左脚蹬地向身体右后方起动后退第一步，右脚经左脚向来球方向交叉后退第二步（图 3-12 的 B），配合上肢交叉起跳接发球。

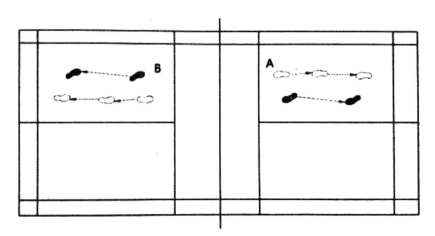

图 3-12 后场正手头顶接发球

3. 前场击球技术

前场击球技术涵盖了挑高球、平推球、搓小球、放小球、勾对角线小球和扑球等多种技巧，每一种击球方式都可以通过正手或反手的击球姿势实现，击出直线或斜线等在不同飞行路线下的球。根据不同的击球点位置，前场击球可分为以下两类：一类是由前场高手位击球，另一类则是由前场低手位击球。

在前场击球的过程中，需要经历判断起动、移动引拍、完成击球、回收动作以及下一次击球前的判断起动循环。下面介绍的前场击球技术均按这几个基本环节进行，以右手持拍为例。

第二节 前场击球技术

一、前场击球技术种类

（一）前场高手位击球种类

在主动状态下（击球点位于肩部以上位置），可以采用多种击球技术，如搓球、高手位勾对角线球、平推球和扑球等，以达到最佳的击球效果。

1. 搓球

将对手击至网前高手位的球以斜拍面的技巧，通过"搓""切"等动作进行击球，从而使球在摩擦力的驱使下旋转飞行，擦网而过。这种同样落至对方网前的球被称为网前搓小球（图 3-13 中的位置 1）。

2. 高手位勾对角线球

将对方击向在前场区域高手位置的球，通过对角线路进行回击，使之到达对方对应的前场区域，这种球被称为前场高手位勾对角线球（图 3-13 中的位置 4）。

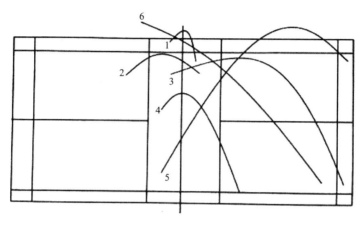

图 3-13　网前击球

3. 平推球

平推球是以较平的飞行路线将对手击至前场位置较高的来球回击至对方端线附近的一种球（图 3-13 中的位置 3）。由于其击球点较高、动作微小、发力距离较短、速度较快且落点变化较多，因此使对手接球的难度增加，这是一种在前场向对方后场底线发起攻击的进攻技术，在单、双打中都常用。

4. 扑球

前场扑球即从上至下，对位于球网上的来球进行前场扑击，向对方场区发起进攻（图 3-13 中的位置 6）。

（二）前场低手位击球种类

前场低手位被动状态下击球，击球点在腰部和膝盖以下，一般采用挑高球、低手位勾对角线球、放小球等几种击球技术。

1. 挑高球

以下至上的弧线将对方击至前场低手位的球回击至对方后场端线上空的球称

为前场正手挑高球（图 3-13 中的位置 5）。它是在被动情况下为赢得回位时间而经常采用的一种过渡性技术。

2. 低手位勾对角线球

轻轻一勾对方击来前场低手位的球，向对方斜对角前场区域回击，叫作前场低手位勾对角线球（图 3-13 中的位置 4）。这是在被动情况下与挑球、推球配合运用的一项控制反控制过渡性技术。

3. 放小球

将对方击来前场低手位的球轻轻一击，使球擦网而过，落至对方前场区域的球，称为低手位放小球（图 3-13 中的位置 2）。这是一种过渡性技术，可以在被动情况下，通过与挑球的配合，前后调动对方的注意力。

二、前场高手位正手击球技术

（一）前场正手击球技术

1. 判断起动

在判断后，运用正手上网步法向身体右侧的来球方向起步并移动，同时以肩肘为中心，前臂外旋带动伸展，在身体右前方做恰当的半弧回环引拍，左手自然后伸并与右手呈反方向持平，维持身体的平衡状态，为即将击球做好准备。

2. 击球动作

击球点在距离球网顶端 10～30 厘米的位置。

（1）正手搓球击球动作

使用食指和拇指捻动球拍，手腕从展腕到收腕发力，从右向左以斜拍面摩擦对球托的右后侧部位切球，使球呈现下旋翻滚过网的状态，这一动作被称为"收搓"。击球动作从收腕至展腕发力，从左至右斜向球托左后侧切击，使球上旋翻滚转过网，称为"展搓"。

（2）正手推球击球动作

以肘为中心，前臂向内旋转，使手腕从伸腕到展腕，快速向前发力击球，在击球瞬间充分利用食指的拨力击球。推直线球是以正拍的方式将球投向正前方进行击球。正拍面击球方向为斜前方，这样的击球为推斜线球。

（3）正手高手位勾对角线球击球动作

上臂向内旋转带动肘部微微往回移动，将手腕由伸腕至收腕，在发切击球托的右侧部位切击。

3. 击球后回动

在完成击球后，右脚立刻蹬地往回向中心位置移动，同时将手臂向胸前回收，准备对下一个来球回击。

（二）前场正手扑球技术

1. 判断起动

以前场跃起扑球步法为基础，向来球方向移动，在右脚蹬地向前方跨出或腾空跃起的同时，高举持拍手并伸出头部前上方，前臂微微向外旋回环引拍。

2. 击球动作

扑球的击球点必须高于球网的顶部。击球时，前臂内旋，手腕由伸展姿势向前下方快速挥拍击球托正面。为了避免在击球后无法控制球拍挥动惯性，当来球距离球网较近时，可以采用与球网几乎平行的方向，从右向左挥拍击球，以避免触网。

3. 击球后回动

在完成击球后，手臂立即进行制动动作，并迅速将球拍收回至体前，做好迎接下一个来球的准备。

（三）前场高手位反手击球技术

1. 判断起动

运用前场反手上网步法向来球方向移动，同时使持拍手前臂向内旋转，带动手腕作半弧形回环引拍向来球伸出，左手自然平举与右手对称，保持身体平衡。

2. 击球动作

击球点在低于球网顶端10～30厘米的位置。

（1）反手搓球击球动作

运用食指、拇指捻动球拍，手腕从展腕到收腕发力，斜拍面由左至右向球托的左后侧部位切击，这是反手"收搓"。手腕的发力方式为从收腕到展腕，通过斜拍面从右向左向球托的右后侧部位切击，这一击球动作被称为反手"展搓"。

（2）反手推球击球动作

手腕由展腕至收腕向前快速挥动发力击球，击球的瞬间充分运用拇指指前发力。以反向拍击的方式，将球推向正前方的球位，向斜前方挥动，使球从左向右前方移动，这样的击球方式即推斜线球。击球过程中，手腕几乎保持手背面向上的平行状态。

（3）反手勾对角线球击球动作

上臂带动肘部向外旋转进行回拉，手腕从展腕到收腕发力向球托的左后侧部位切击。

3. 击球后回动

击球后手臂收至胸前，立即向中心位置回动，以准备对下一个来球进行回击。

（四）前场反手扑球技术

1. 判断起动

运用跃起扑球步法朝来球方向移动，持拍手臂随右脚蹬地向前方跨出，或腾空跃起迈出，略微内旋回环引拍，向头部前上方的来球方向延伸。

2. 击球动作

扑球的击球点必须高于球网的顶部。击球时，前臂外旋，手腕由伸展姿势向前下方快速收腕发力击球托正面。为了避免击球后球拍挥动的余力造成触网，可以采用一条几乎与球网平行的轨迹，从左向右挥拍并击球。

3. 击球后回动

在完成击球后，前臂和手腕的制动动作终止，并迅速将球拍收回至胸前。

三、前场低手位击球技术

（一）前场低手位正手击球技术

1. 判断起动

判断球的运动方向，降低身体的重心，向右侧的来球方向移动，同时旋转手臂，带动手腕略微作出回环引拍动作向来球的底部延伸，将左手拉起于身体的后侧，与右手持平，以维持身体的平衡状态。

2. 击球动作

在前场，球员较低的击球位置位于腰部或跨步腿膝盖以下的区域。

（1）正手挑高球击球动作

前臂以迅猛的内旋带动手臂向前上方舒展手腕发力击球，将球高高挑起，使之沿着高弧线飞行，最终落到底线附近。

（2）正手放小球击球动作

手掌放松空出，只用手指将球拍柄握住，水平向球托底部延伸，借助身体前冲的力量和拇指、食指的力量，使接近地面的球向球托底部轻轻向上"抬击"，使球呈直线状态跨过球网，贴网下落到对方前场区域。

（3）正手勾对角线球击球动作

手臂内旋，食指发力，用斜拍面向斜前方稍加力量抬击球托底部，使球以一定的弧线越过球网，落入对方对角网前区域。

3. 击球后回动

击球后即向中心位置回动，持拍的手臂收至胸前。

（二）前场低手位反手击球技术

1. 判断起动

身体重心降低，起动、移动至左侧来球方向，同时手臂微微向内旋转，带动手腕略微回环引拍，向来球方向伸展，左手平举于身体后方，使身体维持平衡状态，准备击球。

2. 击球动作

击球点在腰部或膝盖以下位置。

（1）反手勾对角小球击球动作

上臂外旋，运用食指、拇指捻动球拍，用斜拍面向网前斜上方抬击球托左侧，使球落入对方前场对角区域。拍面抬击的角度比高手位勾对角线球要大，力量比较大。

（2）反手挑高球击球动作

前臂向外旋转使手腕转动，运用拇指的顶力和手腕发力将球击向前上方后场上空，落入底线附近。

（3）反手放小球击球动作

借用跨步前冲力量，拇指轻轻向前上方抖动发力抬击球托底部，使球越过球网，贴网落入对方前场区域。

3. 击球后回动

击球后立即向中心位置回动，持拍的手臂收回胸前。

四、前场击球步法

根据来球距离的远近，可以采用多种移动方式，如并步、交叉步、蹬跨步等，以一步、两步或三步的方式进行前场击球。通常情况下，击球距离单打中心最远的位置（图3-14，中圈外）通过三步移步法实现击球，以两步移动步法为基础，对距离中心位置次远（图3-14，中圈内）的来球进行击球操作，以一步移动步法为基础，在距离球心最近的位置（图3-14，小圈内）进行击球操作。

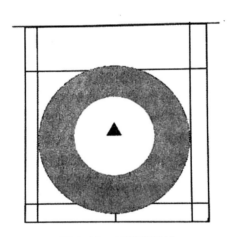

图3-14 击球区域划分

在进行前场跨步时，运用脚后跟制动的技巧。为保持身体平衡，避免前冲力过大，可将脚尖稍稍向外倾斜，左脚用拇指根部内侧轻轻"刮"向跨步脚（右脚）靠拢，以便于身体向中心回动。

（一）前场正手击球步法

1. 前场正手三步上网步法

对于中圈外的来球，在起动后右脚迅速朝右前方跨出第一小步，左脚随即向前交叉跨出第二小步，左脚的前脚掌随之踩地，右脚再向前迈出第三大步（图3-15），准备进行击球动作。在完成击球后，右脚向中心方向回归第一步，左脚交叉退到第二步，双脚同时进行一次微小的跳跃以回到原位。

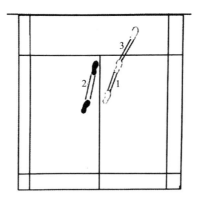

图3-15 前场正手三步上网

2. 前场正手两步上网步法

球在中圈内旋转，起动后左脚向右脚右侧前方做第一小步的跨越，用力蹬地，右脚交叉跨出第二大步进行击球动作（图3-16）。在完成击球后，右脚立即迅速向内收回第一步，而左脚则紧随其后，回到第二步的位置。

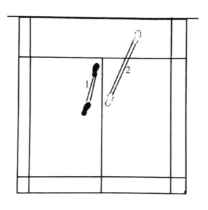

图3-16 前场正手两步上网

3. 前场正手一步上网步法

对于小圈内的来球，起动后左脚掌用力蹬地，右脚跨出一个巨大的弓箭步，向来球方向击球（图3-17）。在击球之后，立刻将球向中心位置倒退并回到原位。

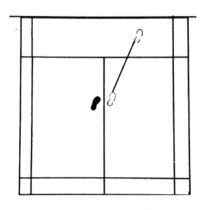

图 3-17　前场正手一步上网

（二）前场反手击球步法

1. 前场反手三步上网步法

对于在中圈外距离身体较远的来球，右脚在起动后向左侧前方迅速跨出第一小步，左脚向前交叉第二小步，同时左脚前脚掌向地面用力蹬（图 3-18）。在击球后，右脚向中心位置迅速收回，左脚则紧随其后，倒退至第二步，随后两脚再以微小的跳步回到原位。

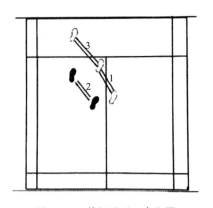

图 3-18　前场反手三步上网

2. 前场反手两步上网步法

当来球在中圈内，左脚向左前方跨出第一步，右脚则向前方交叉迈出第二步，以完成击球动作（图 3-19）。在完成击球后，右脚立即向中心位置收回第一步，左脚则倒退至第二步，同时左右脚也进行了一次微小的跳跃，回到原位。

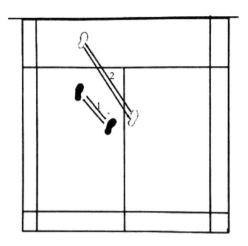

图 3-19　前场反手两步上网

3. 前场反手一步上网步法

当技术来球在小圈内起动时，左脚开始蹬地，右脚则以大弓箭步向来球方向击球（图 3-20）。在击球后，右脚向中心位置缓慢地向后移动一步，左脚则缓慢地向后移动一小步，最终回到原位。

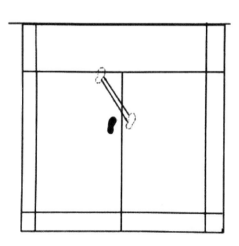

图 3-20　前场反手一步上网

第三节　中场击球技术

中场各种接杀球技术由正、反手击球姿势完成，击出直、斜线不同飞行路线的球。中场抽杀球由正手、头顶两种击球姿势完成。

中场击球由"判断起动—移动引拍—完成击球—回收动作"到再开始下一次击球前的判断起动循环完成。下面介绍的中场击球技术均按这几个基本环节进行（以右手持拍为例）。

一、中场击球技术类型

（一）中场接杀球技术

位于中场区域附近接球位置使用中场接杀球技巧，包括接杀挑高球、接杀平抽球、接杀放直线小球以及接杀勾对角小球。

1. 接杀挑高球

将对方杀至腰部以下位置的球，以高弧线回击对方后场底线附近的球称为接杀挑高球（图 3-21 中的 A1）。防守中运用这种击球方式调动对方，使其做左右底线大角度移动，削弱其进攻威力。接杀挑高球广泛地运用于双打中。

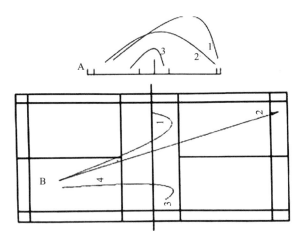

图 3-21　中场回球路线

2. 接杀平抽球

将对方杀至肩、腰位置的球，沿球网以平行弧线向对方场区抽压回击位被称为接杀平抽球（图 3-21 中的 A2）。接杀平抽球的击球点比较高，防守中当对方进攻质量不高、来球弧线较平时，应抓住机会运用接杀平抽球进行反攻。

3. 接杀放直线小球

将对方击来的杀球，回击网前小球至对方区域为接杀放直线小球（图 3-21 中的 A3）。同其他接杀球技术配合使用，可调动对方前后奔跑，有效地限制其连续进攻。接杀放直线小球在单打比赛中较为常用。

4. 接杀勾对角小球

将对方击来的杀球，以对角线小球回击至对方前场区域被称为接杀勾对角线小球（图 3-21 中的 B1）。运用此项技术于防守中，不仅可避免因起高球而导致对方连续进攻，从而陷入被动状态，同时还能形成小对角线路，增加对手前后移动的难度，对其进攻进行限制。

（二）中场腾空抽杀球

中场腾空抽杀球是起跳腾空将对方击至中后场区域弧线较平的球，由高至低向对方场区抽杀过去的一种回击方法（图 3-21 中的 B2）。其战术目的是在坚守控制和反控制中，在对方回球质量不好时抓住机会进行反攻。

二、中场击球步法

（一）中场正手击球步法

中场正手击球步法，指的是在位于右场地的中央位置右侧区域移动击球的姿势。中场正手的击球步法可分为三种，分别是蹬跨步接杀球步法、两步接杀球步法和一步腾空接杀球步法，每种步法都有其独特的特点和优势。

1. 中场正手蹬跨步接杀球步法

当球靠近身体时，以左脚前脚掌为轴心，向右侧的来球方向蹬地起动。同时身体向来球的方向右转 90°，右脚跨步击球（图 3-22）。在击球动作完成之后，右脚以较快的速度向中心位置移动一步，然后回到原位。

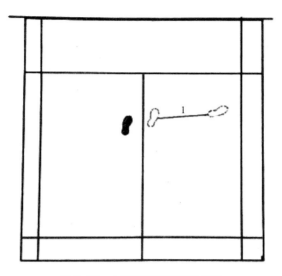

图 3-22　中场正手蹬跨步接杀球

2. 中场正手两步接杀球步法

在起动后，左脚蹬地向右脚踏出一小步，同时身体向右旋转 90°，朝向来球的方向。在第二步（图 3-23）中，右脚向来球方向迈出，准备进行击球动作。在击球后，跨步脚一触地即向中心位置退一小步，左脚随其向中心位置后退，迅速回到第二步的位置。

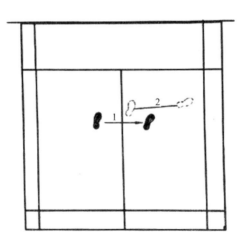

图 3-23　中场正手两步接杀球

3. 中场正手一步腾空接杀球步法

中场正手一步腾空接杀球步法是指一种以起跳为起点，向中场右侧区域移动并击球的步法。当球靠近身体时，以接球前的准备姿势屈膝起动，蹬地并斜步起跳至身体右侧来球方向（图 3–24 中的 A），以准备击球。在击球动作完成之后，当右脚触地的那一刻，身体便会迅速恢复至中心位置。

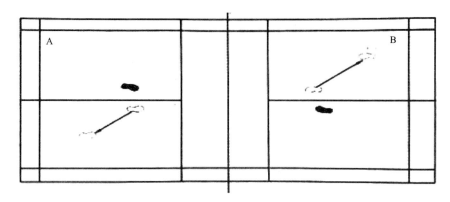

图 3–24　中场正手一步腾空接杀球

（二）中场反手击球步法

当球靠近身体时，从接球前的预备姿势开始，左脚踏地跨步，向左旋转 90°（图 3–25），准备击球。击球后，左脚跟触地迅速向中心位置退回一步，两脚做一小跳步完成回位。

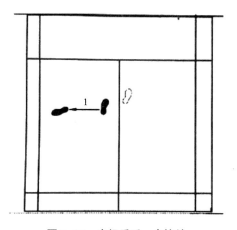

图 3–25　中场反手一步接杀

1. 中场反手两步接杀球步法

当来球距离身体较远时，起动后左脚踩地向来球方向迈出第一小步，接着进行向左的转体动作，背对球网，身体的重心压在左脚。紧接着，右脚向来球方向迈出第二步蹬跨步（图 3-26），做击球准备。右脚迅速向中心位置退回第一步，同时向右转体，两脚做一小跳完成回位。

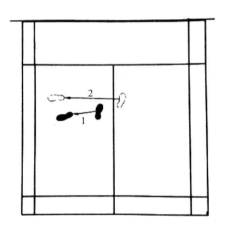

图 3-26　中场反手两步接杀球

2. 中场头顶击球腾空步法

往中场左侧区域移动，并利用头顶击球姿势起跳的步法被称为中场头顶击球腾空步法。

来球距离身体较近时，屈膝，右脚前脚掌蹬地，左脚向身体左侧斜步起跳，仰面准备击球（图 3-24 中的 B）。完成击球后，身体重心放在左脚，然后迅速向中心位置迈出一步，接着右脚再次向前跨越一步，完成回位动作。

第四节　后场击球技术

后场击球技术以其强大的力量、迅捷的速度、惊人的爆发力和强大的攻击力等特点成为主要的击球手段。然而，只有在前场和中场各项技术的巧妙协同下方能施展出这场优美的凌空一击。

根据击球位置的不同，我们可以将后场击球分为以下两类：一类是在后场高手的位置进行击球，另一类则是在后场低手的位置击球。每一类击球技术都可以通过正手、头顶和反手三种不同的击球方式来实现。

第一，后场正手击球。在右后侧位置，面向来球方向，用正拍面击球。

第二，后场头顶击球。在左后侧位置，面向来球方向，用正拍面绕头顶在左肩头顶上方击球。

第三，后场反手击球。在左后侧位置，背向来球方向，用反拍击球。

高远球是后场击球技术的基石，其他击球技术则在高远球击球技术的基础上进行了延伸和优化。只有扎实掌握高远球击球技术，才能将其他击球技术有机地融合在一起。在掌握后场各项高手位击球要领的基础上，进一步学习后场低手位被动击球和反手击球技术，并加强高难度后场突击杀、点杀和高吊杀动作一致性等技术的训练，这是后场击球技术的基础。

在进行后场击球之前，需要进行判断并起动，移动引拍，完成击球后再进行回收动作，最后再次进行下一次击球前的判断启动循环。下面介绍的后场击球技术均按这几个基本环节进行（以右手持拍为例）。

一、后场击球技术种类

（一）后场高远球

一种高弧线的飞行球，从底线开始击向对方底线，这种球被称为后场高远球。由于后场高远球的飞行弧线较高且速度较慢，因此在被动状态下可以利用此延长回位时间，以便在过渡和调整击球力量时更加得心应手。在双打比赛中，采用防守反攻的策略，可以在后场利用高远球将对手调整至底线两角，从而消耗对手的体力。无论是处于主动高手位状态还是被动低手位状态，均可使用后场高远球。

（二）后场平高球

后场平高球是通过一条飞行弧线击向对方底线来实现的，该弧线比高远球低，当对方从中场起跳拦击不了时，后场平高球的高度应该被视为合适。一般情况下，采用这种方法时，可以使防守队员和进攻方形成一个完整而有效的三角区域。在高手位状态下运用的后场进攻技术中，后场平高球以其突击性强、出球速度快的特点脱颖而出，若在恰当的时机选择高品质的平高球，将对手逼至底线两角，再搭配前场小球的调动，则可获得极为出色的效果。

（三）后场吊球

利用后场区域端线附近位置的球，进行后场吊球，将其回击至对方前场区域（即前发球线附近与球网之间），并紧贴边线两角的近网小球，以球过网后快速下落为宜，若能与后场高球结合使用，则可有效调动对方，是后场主要的进攻技术。根据球的轨迹和击球位置的不同，吊球可分为主动吊球和限制性吊球两种，分别能击出直线球路和斜线球路。

（四）后场劈球

后场劈球巧妙地将吊球和杀球两种技术融合在一起，通过高手位击球来实现后场进攻。由于劈球所采用的动作方式包括吊球、杀球和斜拍面击球，因此其速度较快，落点也相对棘手。在实际应用中，与平高球、吊球、杀球协同作战时，常给对手造成判断上的困难，这是一种后场灵活多变、威力强大的进攻技巧。

（五）后场杀球

为了在对方后场或中后场区域获得更高的击球点，我方可采用一种名为后场杀球的策略，通过从上到下的方式将球向对方场区全力扣压过去，并在高手位进行击球。在击球方面，杀球技术以其最大的击球力量、最快的速度和最大的威力，成为进攻得分至关重要的方式。根据出球角度的差异，后场若能施展杀球技巧，则能够将直线球和斜线球击出；根据击球力量的差异，可将其归为以下两类：一类是重杀，另一类是点杀；根据出球距离和落点的不同，可将其分为长杀（落点在双打后发球线附近）和短杀（落点在中场）两种不同类型；根据击球时间差的变化，也可采用突击杀球等。

二、后场正手击球技术

（一）后场正手高手位击球技术

1. 判断起动

运用后场正手后退步法，移动至右后侧区域的来球方向，同时以45°夹角的持拍手臂屈肘举于体侧，左手自然上举以保持平衡，侧身对网，右脚重心位于右脚上，呈现出击球前的预备姿态。当球落至一定高度时，手肘抬起，手臂外旋，充分向后倒，以肩为轴进行回环引拍，手腕伸展开来，使击球前较长的力臂形成，左手随转体动作向左侧延伸，配合右手发力，为击球做好准备。

2. 击球动作

在右肩前上方，将前臂快速向内旋转，带动手腕向前上方加速挥动，将手腕屈收，手指弯曲进行发力，以近 120° 的仰角在空中最高点将球向前上方击出，随后高弧线飞行，最终落入对方场区底线附近。

（1）后场正手平高球击球动作

用比击高远球稍小（约 95°）的仰角拍面，将球击出平高球，以平高弧线飞行，落入对方场区底线附近。

（2）正手吊、劈球击球动作

吊球的击球点位于右肩前上方，相对于击高远球稍前一些的位置。在击球过程中，通过手腕的伸展和屈收来带动手指捻动发力，从而使球拍向内或向外旋转，手腕、手指把控力量，以斜拍面的方式对球托后部的右侧或左侧进行"切击"，使球按对角线飞行，最终落入对方前场区域。吊球和劈球的动作主要区别是击球发力不同，吊球发力小，劈球则要加大击球的力度。

（3）后场杀球击球动作

应选择位于右肩上方，较击高远球、吊球更前一点的位置进行击球。在准备击球之前，为了使力臂更大，可将下肢、腰腹和上肢的力量充分调动出来，使身体向后仰成一个"弓形"，以便更好地发力击球。在击球瞬间，前臂带动手腕由伸到屈快速闪动，以正拍面向前下方施加压力，使得球从上方飞向下方，最终坠入对方中后场区域。

3. 击球后回动

在完成击球动作后，持拍手的惯性向左前下方挥动，左手协助维持身体平衡，起跳脚触地瞬间移向中心位置，同时持拍手从左前下方迅速向身体前面收回，为下一次的来球做准备。

（二）后场正手低手位击球技术

1. 判断起动

以后场正手被动步法为基础，进行向右后侧区域的转体移动，持拍手正手握拍时自然侧拉于身后，同时手肘前行，前臂向外旋且往后倒，手腕充分向后延伸，做引拍动作，左手平举于相应一侧保持平衡，准备击球。

2. 击球动作

（1）后场正手被动高远球击球动作

前臂急速内旋，带动手腕加速向前方挥动，右脚跨步着地的同时，以正拍面将球由低点向对方场区上空击出。注意上下肢要配合一致完成击球动作。

（2）后场正手被动吊球击球动作

击球点比被动击高远球稍后，手肘先行锁住，前臂后摆再向前挥动，同时手指控制拍面，收腕以斜拍面仰角切击球托，使球由下自上吊至对方前场区域。

注意：正手后场被动吊球时手肘先行是关键，如果肘部位置不固定，则易击球下网。

3. 击球后回动

在完成击球后，通过制动动作控制手臂依旧向左侧挥动，同时快速提升身体重心，转体向中心位置并跟进回位，并将持拍手收至胸前。

三、后场头顶击球技术

（一）判断起动

运用后场头顶后退步法向来球落点方向后退移动，击球前应以侧身（左肩对网）姿势做准备，若无法及时完成，则可采用仰面姿势，运用与后场正手击球技术相同的引拍动作，为击球做准备工作。

（二）击球动作

在进行击球时，建议选择位于头部上方或左肩前方的位置。

1. 后场头顶杀球击球动作

击球点在头顶前上方，与击高远球和吊球相比，位置较靠前。在击球过程中，前臂向内旋转，带动球拍向前下方快速挥动，以拍面与地面夹角小于90°的角度，屈指大力发力击球。

2. 后场头顶劈、吊球击球动作

在进行后场吊球时，需用手指对拍柄进行推捻，使球拍向内旋转，并以斜拍面向前下方滑动对球托左侧后部进行切击。

3.劈球击球发力和击球拍面角度较吊球大后场头顶平高球击球动作

击球拍面较击高远球仰角小，手腕、手指闪动发力更快，爆发力更强。

后场头顶高远球击球动作要领同后场正手击球。

（三）击球后回动

起跳击球后，身体重心落在左脚上，左脚一触地即迅速往中心位置回动，持拍手迅速回收至胸前，准备下一次击球。

四、后场反手击球技术

（一）后场反手高手位击球技术

在左后场区以反拍面击球称为后场反手击球。此种击球技巧因战术需求而异，其表现为直线反手高球、斜线反手高球、反手吊球和反手杀球。因为反拍面击球的技术动作相对较为复杂，其击球威力和落点的控制都不如正拍面恰当，因此初学者处理左后场区的球时应尽可能地争取用头顶正拍面击球。只有在极度被动、无法避免的情况下，方可施展反手击球的技巧。若能娴熟掌握反手技术，同样能够由被动转为主动，化解危机。

1.判断起动

采用后场反手转身的"后退"步法，快速移向来球方向，身体略微向左转，背向球网，含胸收腹，反手握拍屈肘举至右侧与肩同高的位置，同时手臂内旋回环引拍，手腕稍有外展，双眼注视来球，准备击球。

2.击球动作

（1）后场反手高远球击球动作

通过上臂和前臂的急速外旋带动手腕加速，仿佛勾勒出一条优美的弧线，从左下方经胸前向右前上方挥动，而击球点的位置则在右肩之上选取。在击球的过程中，手腕逐渐向后弯曲，迅速发力，利用拇指的顶力和其他四指的协同作用，紧握球拍，通过反向拍面将球向后场击出，使球高弧线飞行，落入对方场区底线附近。在完成击球动作的同时，右脚触地，身体重心向右脚倾斜。

（2）后场反手吊球击球动作

击球瞬间拍面与地面的夹角保持90°左右，以稍带有前推的动作击球，避免击球不过网，吊直线击球时前臂外旋带动手腕，捻动手指向外发力，斜拍面从左向右对前下方切击球托的后中部进行切击，使球呈直线飞行落入对方前场区域。吊斜线球时用斜拍面向斜下方切击球托的左侧部位。

（3）后场反手杀球击球动作

后场反手杀的击球点较击高远球和吊球靠前，击球时拍面的仰角较小。为了获得最大的击球力量，需要使蹬力、腰腹力和肩力相互作用，使前臂由上臂驱动外旋快速闪动，弯曲手指进行发力，用反拍正面击球托的后部，使球由高处向下飞行落入对方场区。在击球瞬间，当击球面向正前方时，所施加的压力是反手杀直线球，而当击球球拍面向斜前下方挥压时，则是反手杀斜线球。

3.击球后回动

完成击球后，身体重心在右脚上，持拍手由制动动作收回胸前，准备迎接下一次接球。

（二）后场反手低手位击球技术

后场反手低手位击球是一项具有过渡性质的技术，其击球点通常位于膝关节的上下位置，处于相对被动的状态。

1.判断起动

运用后场反手，以被动转身的方式进行"后退"，向来球落点方向后退。持拍手臂以肩为中心，前臂内旋回环引拍，握拍放松，腕稍有外展，呈背对球网跨步姿势准备击球。

2.击球动作

（1）后场反手低手位高远球击球动作

上臂和前臂急速外旋带动手腕，利用拇指的顶力，配合其余四指屈指发力，借助身体右转力量，向对方后场区域的前上方挥臂击球，使球高弧线飞行，落入对方底线附近。完成击球动作的同时跨步脚着地。

（2）后场反手低手位吊球击球动作

击球时手腕由伸展至屈收发力，手指和手腕控制拍面力量和角度，拇指前顶发力，以反拍面轻击球托左后侧部位，将球由下向上吊至对方前场区域。

注意：击球瞬间手臂应有一定的前送动作，否则球不易过网。

3. 击球后回动

完成击球后迅速转体，面向球网，向中心位置回位。

五、后场击球步法

（一）后场正手后退步法

1. 后场正手两步后退步法

当来球距离身体不远时，以左脚的前脚掌为中心，右脚向右后侧区域的来球落点方向蹬地起动后倒退，同时左脚向右脚并步，重心位于右脚上，右脚向右斜后方后退第二步跳起（图3-27），为击球做准备。在完成击球后，右脚立即迅速回归至中心位置，第一步左脚即迈向中心位置，第二步双脚则接上一小跳步，回到原来的位置。

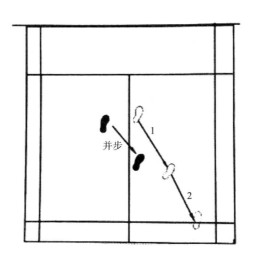

图3-27　后场正手两步后退步法

2. 后场正手三步后退步法

身体与来球距离过远，起动后右脚向落点方向后退第一小步，左脚穿过右脚向后交叉退第二步，右脚再次交叉退第三步，身体重心转移到右脚，斜步起跳至右后方向（图3-28），为击球做准备。在完成击球后，右脚迈第一步以较快速度回到中心位置，左脚交叉迈回第二步，最后双脚与小跳步相接，完成回位动作。

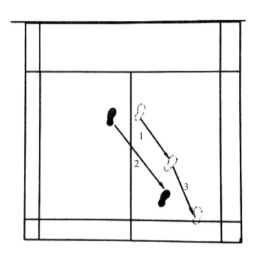

图 3-28 后场正手三步后退步法

3. 后场正手被动后退步法

后场正手被动后退步法是当对方来球质量较高、我方处于被动低手位时运用的跨步击球步法。起动后，右脚向来球落点方向后退第一小步，左脚交叉后退第二步，右脚又经左脚再向后交叉弓箭步跨出第三步，同时转体，面向来球，准备击球。要降低身体重心，采用跨步姿势击球。在完成击球后，身体重心迅速转向右脚，紧接着向中心位置蹬地迈回第一步，左脚迈出第二步至中心位置，同时完成转体朝向球网，双脚向中心位置进行第三步跳步，最终完成回位。

（二）后场头顶后退步法

1. 后场头顶两步后退步法

右脚踩地，进行转体，后退第一步至左后侧后场区域的来球落点方向，左脚向右脚并步，重心转移到右脚（图3-29），右脚蹬地向左后交叉后退第二步，开始跳击球。左脚在击球后与地面紧密接触，并以较快的速度回到其中心位置。

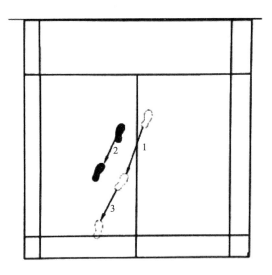

图 3-29　后场头顶两步后退步法

2. 后场头顶三步后退步法

在启动后，进行右脚蹬地、转体等动作，后退第一小步至身体左后侧区域的来球落点方向，在退第二步时，左脚呈交叉状态，在右脚再向左后退第三步时（图3-30），右脚也呈交叉状态，身体重心转移到右脚，交叉步起跳并击球。在完成击球后，立即向中央位置蹬地，以交叉步的姿势回归到原来位置。

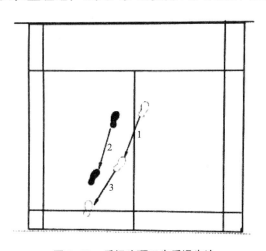

图 3-30　后场头顶三步后退步法

（三）后场反手转身"后退"步法

在左侧的后场区域，以反手击球为辅助的后退步法被称为后场反手转身"后退"步法。

1. 后场反手转身两步"后退"步法

右脚踩地，向左后场区转体进行起动，同时左脚迈出第一小步至左后侧来球落点方向。以背对球网的姿势，右脚交叉向来球方向再跨出第二步（图3-31），同时右脚触地完成击球，身体快速向右转，右脚向中心位置回位第一小步，左脚交叉向中心位置迈出第二步，回到原来的位置。

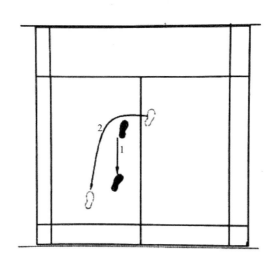

图 3-31 后场反手转身两步"后退"步法

2. 后场反手转身三步"后退"步法

若球距离身体较远，则以左脚前脚掌为中心，右脚踩地，身体转向左后侧来球落点方向，迈出第一小步，左脚紧接其后跨出第二步至左后侧，右脚再交叉跨出第三步至来球落点方向，与此同时进行击球（图3-32），击球后身体落于右脚位置，迅速蹬地迈出第一小步至转体方向，左脚随即迈出第二步，依旧呈交叉状态，右脚再迈出第三步至中心位置，回到原来的位置。

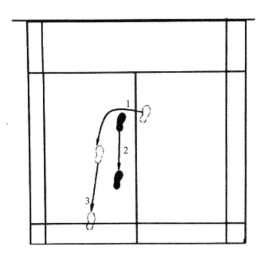

图 3-32　后场反手转身三步"后退"步法

3. 后场反手被动"后退"步法

后场反手被动"后退"步法用于对方来球质量较高、我方处于左后场区域较被动的低手位击球时。

右脚蹬地，向左后侧来球落点方向转体起动后撤第一小步，左脚交叉向来球落点方向迈出第二步，右脚以弓箭步跨出最后一步至来球落点方向，以低手位的被动状态结束击球。完成击球后，右脚轻触地面，调整身体重心，迅速向右旋转并向场地中心方向回位，迈出第一步，左脚紧随其后，经右脚交叉并重新回到中心位置，迈出第二步，最后右脚向中心位置迈出第三步，完成回位动作。

第五节　双打的基本技术

尽管双打比赛的场地略大于单打，但其发球和接发球的区域相对于单打而言略有缩减。两人共同作战，场上实际控制的范围不如之前大，对抗性增强，比赛的回合增加，击球速度加快，从而形成了比单打更快、更狠、更巧、更多变的特点，使得默契配合的难度加大。因此，在掌握单打技术的基础上，还应熟练掌握双打主要基本技术，并学会在对抗中自如运用，从而在比赛中取胜。双打基本技术包括握拍、发球、接发球、击球和步法技术等。本节讲述的双打技术均以右手持拍为例。

一、双打的握拍、发球与接发球

（一）双打握拍方法

双打的短、平、快特点决定了双打握拍较单打握拍略有不同。为了优化双打前场的挥臂速度和控制击球的拍面，当处理较平弧线、较快速度的来球时，应适当将握拍位置向前移动，缩短球拍长度，以促进挥拍速度的加快，并对击球的拍面和角度进行控制。

1. 双打正手封网和发球握拍

将虎口对在球拍柄的第二和第三条斜棱之间的窄面上，持拍手与拍柄接触位置在拍柄与拍杆接触处，平握球拍封网握拍。

2. 双打反手封网和发球握拍

将虎口对在拍柄的第一和第二条斜棱之间的窄面上，手指第一指关节与拍柄接触，掌心完全空出。

（二）双打发球技术

在双打比赛中，发球是一项至关重要的技巧。在双打比赛中，两支队伍的四名选手共同竞技，他们的球速比单打比赛更快，因此，发球的要求也更加苛刻。若发球品质欠佳，比赛一开始便会遭遇被动挨打的窘境。因此，在开局时，发球是决定胜负的关键因素。

1. 双打发球站位

在双打比赛中，发球者的站位呈现出一种"T"形，其位置靠近前发球线和中线的交汇处，相对于单打而言更为靠近。为了在发球后能够迅速抢击封网前球，需要选择这个位置进行发球。另一同伴在后场中部位置准备接第三拍。混合双打中，由于分工不同，通常男队员发球站位移至女队员后。

2. 双打有效发球区域

在右侧发球区进行发球时，选手必须运用对角线路，将球精准地射入对手右侧的发球区。在双打比赛中，右发球的有效范围包括但不限于双打边线、双打后发球线以及前发球线之间的区域。

（三）双打发球种类

基于双打比赛的短平快特点，我们主要采用后场平高球、后场平射球和网前小球的方式进行比赛。与单打发球相同，各项发球的飞行线路相同，只是根据双打发球区域的变化，其落点位置较单打略有变化。

1. 双打发后场平高球

在双打比赛中，发后场平高球是一种常用的发球方式，其飞行轨迹相对于发后场高远球而言较低，但其飞行高度应以对方跳起无法拦截为标准，落点则应处于双打后发球线附近的位置。考虑到该发球的落点处于对方后场附近的位置，因此，需要与发网前的小球协同作战，以使对方接发球的判断难度增强。

2. 双打发后场平射球

双打发后场平射球以几乎与球网平行的弧线直射对方双打后发球线附近，球速快，突击性强，常用于双打发球抢攻战术。当接发球方毫无准备、站位出现空当时，或是为了加快节奏，充分运用这种快速、突变的发球优势，可以促使接发球方陷入被动或接发球失误的境地。

3. 双打发网前小球

在双打比赛中，发网前的小球采用斜拍面摩擦击球的方式，球贴网而过，最终落在接发球方前发球线附近。这种小球的飞行弧度较低，且距离较短，可以有效地对接发球方直接扣杀进攻进行限制，这是它被广泛采用的原因。在进行发球动作时，可以采用正手或反手的方式进行。一般而言，选手们更倾向于采用反手发球的姿势。

（四）双打反手发球技术

以身体左前方为起点，运用反手击球的技巧，实现反手发球的动作，这就是反手发球技术。相对于正手发球而言，反手发球的力臂具有相对较小的距离，因此，对球的掌控力更强，从而使得发球动作更为一致、隐蔽和突然。

1. 反手发球准备姿势

在比赛情况下，选手们更多地选用反手姿势发球。以自然的方式将双脚分开，站在前后，右脚置于前方，脚尖对网，左脚位于后方，脚尖触地，重心落于右脚的位置。

为了在击球时获得更高的得分，建议将右脚适度向后提起。用左手的拇指、食指和中指抓住球体上的羽毛部分，然后自然地将其倾斜放置在反拍的前方。以持拍手作为基础，运用反手发球的握拍技巧，自然屈肘，将手放到身体前面，随后以拍头向下的方式，准备开始发球。

2. 双打反手发球技术

第一，在准备好反手发球的姿势后，左手开始放球，同时持拍手以肘为中心向内旋转前臂，带动手腕伸展，由后向前进行回环弧形引拍，做击球准备。

第二，击球动作。下面分别介绍反手发小球、平高球和平射球的击球动作。

一是双打反手发小球击球动作。在击球时，手腕从外展到内收捻动发力，通过手腕和手指控制力量，以斜拍轻轻推送切击球托至前方，使球齐网飞行，落至对方前发球线附近。双打反手发小球的关键是对击球拍面角度与力量的控制。

二是双打反手发平高球击球动作。球员需要通过屈指、收腕发力，利用正拍面向前上方的力量将球击出，使球以一定的弧线向上飞行，越过接发球方落入其双打后发球线附近。

三是双打反手发平射球击球动作。在进行击球动作时，应尽可能在规则允许的范围内将击球点进行提升，和其他四指协同发力，使得拍面与地面呈近似于90°的角度，快速向前推进击球，使球以与球网平行弧线飞行，直落对方双打后发球线附近。

第三，以制动动作结束发力。

（五）双打接发球技术种类

双打接发球技术可参见单打接发球技术所述的接发前场球和接发后场球技术部分，下面再补充一些更具双打特点的接发球技术。

1. 接发拨球

接发拨球是将对方发至网前的小球，争取在高点用正、反拍面将球拨击至对方中场结合部位的一种接发球。因为落点的位置处于对方前后场选手之间的中部半场结合部位，不仅可以对前场选手被网前封杀的现象进行有效的规避，同时也能够迫使后场选手进行下手位击球，削减其进攻的威力，所以被广泛用于双打比赛中。

2. 接发推扑球

接发推扑球是将对方发至前场的小球，争取在高的击球点上用正、反手推扑中路球，或者推扑后场底线两角的一种接发球。这种发球方式出球速度快，威胁大，攻击性强。

3. 接发抽杀球

接发抽杀球是用后场正手或是头顶击球方式，将对方发至后场的平高球或平射球，向对方场区抽杀过去的一种接发球。

（六）双打接发球站位及准备姿势

1. 双打接发球基本站位

在双打比赛中，由于后发球线缩短了 92 厘米，发高球易被扣杀，一般以发小球为主，因此双打接发球的站位一般选择靠近前发球线的位置，目的是争取在网前抢高点击球。在右发球区接球，站位略偏左，靠近中线。

2. 双打接发球准备姿势

左脚全脚掌着地在前，右脚前脚掌触地在后，身体重心在左脚上，双膝稍屈，右手屈肘举拍至头顶前上方，左手自然屈肘于左前侧，保持身体平衡，眼睛注视对方，准备接发球。

（七）双打前场接发小球技术

双打接发前场小球的方法是快速抢网前制高点，可利用推扑球或拨半场球等方法还击。

1. 双打正手前场接发球技术

第一，做好接发球准备姿势判断来球后，持拍手正手握拍微微外旋，展腕引拍，伸向来球方向，同时右脚向前跨步，准备击球。

第二，击球动作。下面分别介绍双打正手接发推扑球和接发拨半场球。

一是双打正手接发推扑球。争取高的击球点，前臂迅速内旋，带动手腕转动，屈食指紧扣拍柄发力，以正拍面向前下方拍击球托正部，使球以与球网平行或是过网后以向下的弧线飞行，落至对方中后场区域。

二是双打正手接发拨半场球。取高点击球，用食指和拇指捻动拍柄发力，以斜拍面收腕动作向对方半场区域拨击球托右侧，使球呈低弧线飞行，越过对方选手，落至两人之间半场位置。

第三，击球后掌心向下，持拍手以制动动作结束，并将球拍收回至头顶前上方，准备封击下一个来球。

2. 反手前场接发球技术

第一，判断来球，做好准备。持拍手反手握拍伸向来球方向，右脚向前跨步的同时做内旋引拍，准备击球。

第二，击球动作。下面分别介绍反手接发拨半场球和接发推扑球的击球动作。

一是反手接发拨半场球。争取高点，拇指和食指捻动拍柄，以斜拍面收腕动作向对方半场区域拨击球托左后侧。反手接发拨半场球的飞行弧线与正手相同。

二是反手接发推扑球。争取高点，前臂迅速外旋并收腕，拇指前顶紧握拍柄向前下方发力，反拍面拍击球托正部。反手接发推扑球的飞行弧线与正手相同。

第三，击球后持拍手以制动动作结束，准备封击下一个来球。

（八）双打后场接发抽杀球技术

持拍手对准来球方向，抬肘，以鞭打动作快速向后倒臂引拍。正手抽杀球时击球点在右肩前上方，头顶抽杀球时击球点在左肩头顶上方。在击球的过程中，上臂和前臂以较快的速度向内旋转，使手腕快速闪动，手指屈指发力时由松到紧缓慢过渡，以正拍面的方式将球向对方场区快速击出。

击球后要控制住手臂，不要挥臂过大，要迅速收回至体前位置，准备回击下一个来球。

（九）双打前场击球技术种类

双打前场击球技术有很多种，如前场发球、推扑球、封网等，在此仅介绍前场封网技术。

前场封网技术是一种在前场位置利用正手、头顶或反手击球方式，将对手的平抽球和网前小球封压至对方场区的击球技巧。由于前场球的网前击球距离较短，对方以较快的速度来球，也以较快的速度回击球，因此是双打争取主动和得分的重要策略。

（十）双打前场选手击球前准备姿势

双脚与肩同宽，自然分开，脚跟微抬，双膝微微弯曲。握球拍的手臂屈肘抬高到头部前上方，拍头略微向左倾斜。左手自然向上抬升，与持拍手维持身体平衡的状态。

（十一）封网击球技术

1. 正手和头顶封网击球技术

第一，向来球方向移动，手肘上抬，将前臂后倒，形成回环引拍，为击球做准备。以小而快的击球动作为基础，通过前臂带动手腕，从外旋后伸到内旋前屈，向前迅速闪动发力，将球向对方场区前下方击压过去。正手封网击球点在右肩上方或前上方，头顶封网击球点则在左肩斜前上方。

第二，在击球后，上臂高举操控动作，前臂和手腕快速制动，然后恢复到前场击球前的准备姿势，为下一次击球做好准备。

2. 反手封网技术

第一，用前场反手接发球步法，向来球方向移动并跨步，同时持拍手上臂带动前臂做内旋引拍，手腕呈展腕姿势向来球方向伸出，准备击球。

第二，击球时，前臂迅速外旋，带动手腕向前挥动，拇指前顶，收腕发力，将球向对方场区的前下方击出。

第三，击球后持拍手固定在击球高度，以制动动作结束。

二、双打中场击球技术

（一）双打中场击球技术种类

1. 平抽快挡球

运用正手或反手击球姿势，将对方击至肩部高度附近的球，以齐网的飞行弧线，还击至对方中后场区域，或者快挡过网的球，被称为平抽快挡球。平抽快挡球发力动作小，距离短，速度快，被广泛地运用于双打对攻和反攻中。

2. 接杀拨半场球

运用正手或反手击球姿势，将对方击来的腰以上部位的杀球，拨击至对方前后场的结合部，打破对方连续进攻态势，多用于双打的防守调动战术。

（二）双打中场防守击球前准备姿势

脚与肩同宽，开立于双打左或右半场中心位置，脚后跟提起，重心降低。持拍手握拍位置上移，屈肘置于体前，拍头稍偏向左，左臂自然屈肘于体侧，两眼注视来球。

（三）双打中场击球技术

1. 中场正手平抽快挡击球技术

第一，击球前做好准备姿势，准确判断，适时移动。跨步的同时，持拍手以肩为轴，手臂屈肘后引，前臂向后外旋回环带动手腕伸展引拍。

第二，击球动作。下面分别介绍正手平抽球击球和正手快挡球击球的动作。

一是正手平抽球击球动作。持拍手的肘关节后引，前臂迅速向前内旋，带动手腕屈收发力，向前推压击球，使球以一定的速度齐网平行飞行至对方场区。

二是正手快挡球击球动作。击球时主要以食指和拇指控制住拍面，向前推送击球，使球以低弧线越过球网，落入对方前场区域。挡球的击球点较平抽球低一些。

第三，击球后惯性动作小，要迅速收拍，同时右脚回位一步呈准备姿势。

2. 中场反手平抽、快挡球技术

第一，持拍手以肩为轴，上臂带动前臂内旋回环引拍，向来球方向伸出。

第二，击球动作。下面分别介绍反手快挡球和反手平抽球的击球动作。

一是反手快挡球击球动作。以反拍面对准来球，几乎没有击球前的预摆引拍动作，以拇指和食指控制球拍，向前推送挡球。击球后球的飞行弧线轨迹同正手快挡球一致。挡球的击球点较平抽球低一些。

二是反手平抽球击球动作。在击球时，前臂向外旋转，带动手腕屈收闪动，并利用拇指的顶力往前推动发力，球的飞行弧线同正手平抽球。

第三，击球后，前臂以制动动作结束，收拍呈准备姿势。

3. 中场正手接杀拨球技术

第一，准确、适时地判断和移动，持拍手的肩肘关节外旋，带动手腕稍做回环引拍，伸向右侧来球方向，当右脚跨步触地时，运用比正手网前勾对角线小球稍大一点儿的动作击球，食指向前推送，发力击球，使球齐网向前飞行，落入对方两位选手间的中半场空当。

第二，击球后即刻复位，呈击球前的准备姿势。

4. 中场反手接杀拨球技术

准确、适时地判断和移动，持拍手的肩肘关节内旋，带动手腕稍做伸腕引拍，伸向左侧的来球方向，当右脚跨步触地时，运用比反手网前勾对角线小球稍大一点儿的动作击球，拇指前顶发力击球，使球齐网向前飞行，落入对方两位选手间的中半场空当。

（四）双打中场击球移动步法

1. 平行站位中场正手接杀球步法

由双打击球前的准备姿势开始，以左脚为轴心，右脚向右上步或向右侧跨步击球。如果来球直冲身上，则以左脚为轴心，右脚向右后撤一步击球。

2. 平行站位中场反手接杀球步法

以双打击球前的准备姿势开始，向来球方向起动，右脚向左前方跨步，或是左脚向左后侧退步击球。

3. 前后站位中半场移动步法

前后站位中半场移动步法常用于接发第三拍球。如来球在右中半场，则右脚向来球方向迈出第一小步，左脚紧跟着并第二步至右脚旁，右脚随即向来球方向跨出第三步击球；如来球在左中半场，则左脚向来球方向迈出第一小步，右脚紧跟其后，左脚向来球方向迈出第三步进行跨步击球。

三、双打后场击球和步法技术

前面介绍的单打后场击球技术均可运用于双打中，下面就具有双打特点的后场击球技术做一些补充。

（一）后场击球技术种类

后场击球包括点杀身上球、拦截球。

1. 点杀身上球

点杀身上球是用正手、头顶等击球方式，将对方击来的中后场球，以近似扣球的动作向对方击出，特别是右肩附近位置点击过去的一种球。尽管点杀球的击球力量不及大力扣杀球强，但其巧妙的动作、精准的落点和极快的速度，以及与后场重杀、长杀等协同作战的能力，能帮助运动员出其不意地制胜。

2. 拦截球

拦截球采用正手、反手和头顶等多种击球方式，以拦截技术将对手打出的快速而有力的平抽球截至到对方前场。在实际战斗中，采用拦截球的技巧可以有效地瓦解对手的连续进攻策略。

（二）后场选手击球前准备姿势

后场选手击球前准备姿势与单打击球前准备姿势相同。

（三）后场击球技术

后场击球包括后场正手击球、反手拦截球和头顶拦截球技术等。

1. 后场正手击球技术

第一，运用后退步法向来球方向移动，持拍手屈肘上举至体侧肩高位置，同时上臂带动前臂后倒外旋回环引拍，如果是拦截球，则轻微外旋引拍即可，准备击球。

第二，击球动作包括点杀击球动作、拦截球击球动作等。

一是点杀击球动作。争取较高的击球点，上臂协调配合前臂，手肘制动后摆，靠手腕和手指发力点击球托，使球自上而下、向击球目标飞行。

二是拦截球击球动作。击球时，持拍手正手握拍直接伸向来球方向，手腕内收带动手指轻微发力，以斜拍面拦截球托，使球过网后落入对方前场区域。

第三，击球后迅速收拍至体前，准备下一个来球。

2. 后场反手拦截球技术

第一，准备好，判断准，左脚跨一步至左侧来球方向，旋转身体，右脚通过左脚交叉跨第二大步至来球方向，同时持拍手以肘为轴做小弧度内旋引拍，争取高的击球点向来球方向伸出。

第二，手腕由微展至内收发力，以反拍斜拍面抹击球托后部。击球后，球的飞行走向同正手拦截球技术。

第三，击球后手臂以制动动作结束，回收至体前做好准备姿势。

3.头顶拦截球技术

第一，准备好，判断准，双脚蹬地向后场头顶来球方向斜步起跳，持拍手后仰引拍，准备击球。

第二，手指、手腕控制拍面，以正拍面抹击球托，使球越过球网落入对方前场区域。

第三，击球后以制动动作结束，准备下一个来球。

（四）后场移动步法

1.平行站位后场正手接杀球步法

由双打击球前的准备姿势开始，以左脚为轴心，右脚向右上步或向右侧跨步击球。如果来球直冲身上，则以左脚为轴心，右脚向右后撤一步击球。

2.平行站位中场反手接杀球步法

以双打击球前的准备姿势开始，向来球方向起动，右脚向左前方跨步，或是左脚向左后侧退步击球。

3.前后站位后半场移动步法

前后站位后半场移动步法用于接发第三拍球。如来球在右后半场，则右脚向来球方向后撤第一小步，左脚紧跟着并第二步至右脚旁，右脚随即向来球方向跨出第三步击球；如来球在左后半场，则右脚向后跨出一大步，左脚紧跟其后，向来球方向跨步击球。

第四章　羽毛球球路训练

羽毛球球路训练就是把两个或两个以上的基本技术，通过一定的路线组合在一起进行练习的方法。在训练的时候，可以事先规定回球的落点、回球的路线，也可以不固定路线进行练习。一般来说，球路训练应该遵循由简单到复杂、由固定到不固定球路这样一种循序渐进的方式进行练习。在羽毛球的学习和训练中，特意设计一些专门的球路有针对性地进行训练，将有助于把已掌握的基本技术有机地结合起来运用，同时还可以把前场与后场、进攻与防守、直线与斜线等技术综合起来，在一定的形式下加以熟悉、巩固和提高。

第一节　固定高吊球练习

固定高吊球练习主要应用在右后场区，也就是正手击球和左后场区头顶击球位置的高吊球练习。不论是在右后场区还是在左后场区进行高吊球练习，每回击一次球后都应该适当地向球场中心位置移动；不论是将球用直线还是斜线打到对方场区内的任何一个落点上，所击出去的每一个球都要尽量靠近边线，以使对方在场区内进行最大范围的跑动。

一、右后场区位置的高吊球练习方法

（一）正手直线高吊练习

甲站在正手底线 A 处，位于右场区底线和边线附近，随后将球精准地打向乙的左后场区底线 B 和左前场区 C 处；乙将甲的球从 B 处和 C 处反击至甲的正手底线位置 A 处，使甲在静止不动的情况下练习直线高球和吊球（图 4-1）。

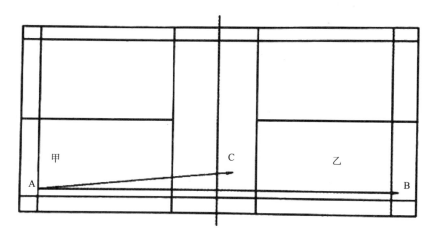

图 4-1　正手直线高吊

（二）正手斜线高吊练习

　　甲站在正手底线 A 处，位于右场区底线和边线附近，随后将球打向乙的左后场区底线 B 处和左前场区 C 处；乙将甲挥出的球从 B 处和 C 处反击至甲的正手底线位置 A 处，使得甲基本保持静止状态进行斜线高球和吊球的练习（图 4-2）。

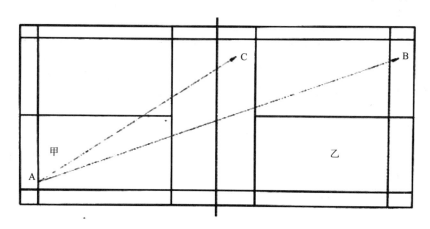

图 4-2　正手斜线高吊

（三）正手直线高球、斜线吊球练习

　　甲站在正手底线 A 处，位于右场区底线和边线附近，将球打向乙的左后场区底线 B 处和右前场区 C 处；乙将甲的球从 B 处和 C 处反击至甲的正手底线位置 A 处，使甲在几乎静止的情况下完成直线高球和斜线吊球的练习（图 4-3）。

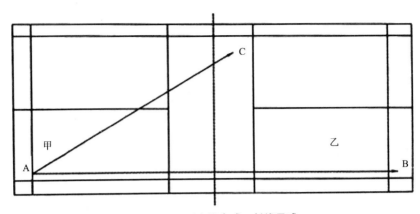

图 4-3　正手直线高球、斜线吊球

（四）正手斜线高球、直线吊球练习

甲站在正手底线 A 处，位于右场区底线和边线附近，将球打到乙的右后场区底线 B 处和左前场区 C 处；乙将甲挥出的球分别从 B 处和 C 处的位置还击至甲的正手底线位置 A 处，以使甲在基本静止的情况下练习斜线高球和直线吊球（图4-4）。

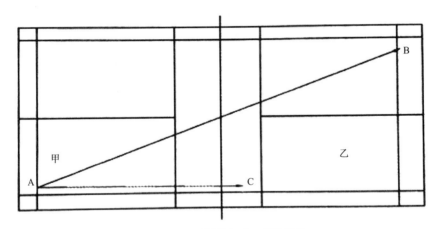

图 4-4　正手斜线高球、直线吊球

（五）正手直线、斜线高吊练习

甲站于右场区底线与边线附近位置（即正手底线）A 处，将球击向乙的左后场区底线位置 B 处、右后场底线位置 C 处、左前场区位置 D 处以及右前场区 E 处；B、C、D、E 的球被乙打到了甲的正手底线位置 A 处，此时甲已经完成了直线和斜线高球，以及直线和斜线吊球的练习，并且基本静止不动（图4-5）。

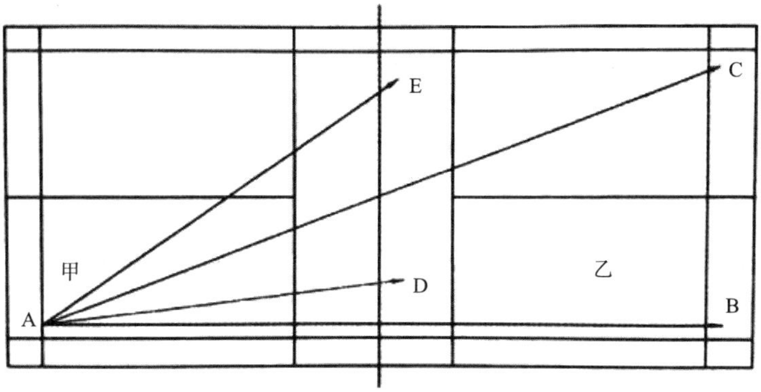

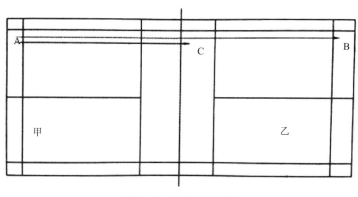

图4-5 正手直线、斜线高吊

二、左后场区位置的高吊球练习方法

需要注意的是，在左后场区的练习中，开始阶段一般都要求练习者用头顶技术去完成每一个击球动作。建议在头顶高吊击球技术掌握较为熟练的时候，再用反手击球技术完成左后场区的高吊球练习。

（一）头顶直线高吊练习

甲站在左场区底线与边线附近位置 A 处，将球分别打向乙的右后场区的底线位置 B 处和右前场区的位置 C 处；乙将甲打出的球打向甲的左后场区位置 A 处，两次打球分别从 B 和 C 处发出，以供甲进行直线高球和直线吊球的练习，甲基本静止不动（图4-6）。

图4-6 头顶直线高吊

（二）头顶斜线高吊练习

甲站在左场区底线与边线附近位置 A 处，将球分别打到乙的左后场区底线位置 B 处和左前场区位置 C 处；乙将甲打过来的球从位置 B 处和 C 处分别还击，使球回到甲的左场区底线 A 处，使得甲在基本静止的状态下练习斜线高球和斜线吊球（图 4-7）。

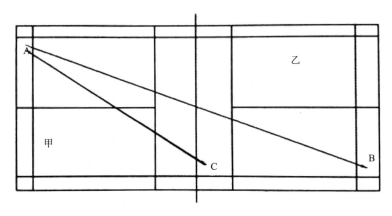

图 4-7　头顶斜线高吊

（三）头顶直线高球、斜线吊球练习

甲位于左侧场区的底线和边线附近的 A 处位置，将球向乙的右后场区的底线 B 处和左前场区的 C 处这两个位置打；乙朝向甲的左场区底线位置 A 处，以直线高球和斜线吊球的练习为主，将甲所打过来的球从位置 B 处和 C 处还击，使其在基本静止的情况下完成练习（图 4-8）。

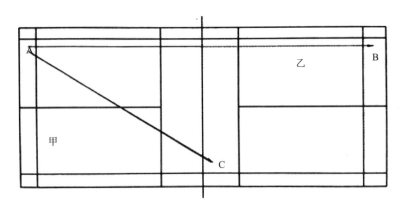

图 4-8　头顶直线高球、斜线吊球

（四）头顶斜线高球、直线吊球练习

甲处于左侧场区的底线和边线附近的 A 处位置，将球分别向乙的左侧场区的底线位置 B 处和右侧前场区的位置 C 处进行击打；乙朝向甲的左场区底线位置 A 处，以 B 处和 C 处的两个位置分别作为还手点，使得甲在基本静止的情况下练习进攻斜线高球和直线吊球（图 4-9）。

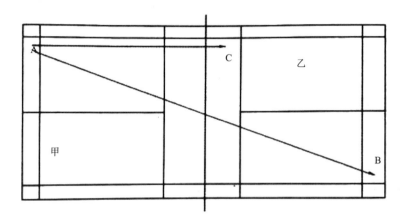

图 4-9　头顶斜线高球、直线吊球

（五）头顶直线、斜线高吊练习

甲站在左场区底线与边线附近位置 A 处，将球分别朝向乙的右后场区底线位置 B 处、左后场区底线位置 C 处、右前场区位置 D 处和左前场区位置 E 处进行击打；乙将甲打到各个不同位置落点的球向甲的左场区底线位置 A 处进行还击，使得甲在基本静止的情况下练习直线和斜线高球与直线以及斜线吊球（图 4-10）。

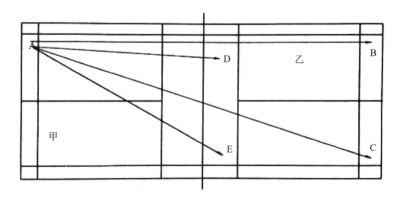

图 4-10　头顶直线、斜线高吊

第二节 不固定高吊球练习

一、两点移动高吊左场区

甲处于右场区底线和边线附近的位置 A 处，通过斜线高球将球朝乙的左后场区底线位置 C 处进行击打，用直线吊球把球吊到乙的左前场区位置 D 处；在左场区底线和边线附近位置 B 处，使用直线高球将球打到乙的左场区底线位置 C 处，用斜线吊球把球吊到乙的左前场区位置 D 处。乙则将甲击到位置 C 处和 D 处的球分别还击到甲的两个底线位置 A 处和 B 处，让甲在底线移动中对乙进行右场区高远球、左场区吊球的高吊练习。甲在每回击一次球后都应该适当地向球场中心位置回动（图 4-11）。

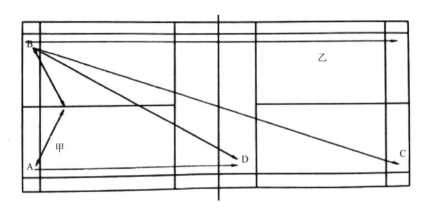

图 4-11 两点移动高吊左场区

二、两点移动高吊右场区

甲在左场区底线与边线附近位置 A 处，用斜线高球把球打到乙的右后场区底线位置 C 处，用直线吊球把球吊到乙的右前场区位置 D 处；在右场区底线与边线附近位置 B 处，用直线高球把球打到乙的左后场区底线位置 C 处，用斜线吊球把球吊到乙的右前场区位置 D 处。乙则将甲击到位置 C 处和 D 处的球分别还击到甲的两个底线位置 A 处和 B 处，让甲在底线移动中对乙的右场区进行高吊练习。甲在每回击一次球后都应该适当地向球场中心位置回动（图 4-12）。

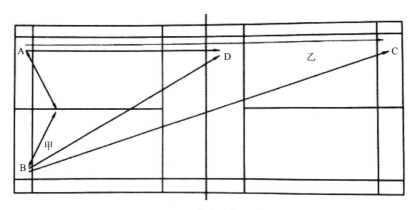

图 4-12　两点移动高吊右场区

三、两点移动直线、斜线高吊左后场和右前场

甲不论是在左场区底线与边线附近位置 A 处，还是在右场区底线与边线附近位置 B 处，均将球打到乙的左后场区位置 C 或吊到右前场区位置 D 处；乙则将位置 C 或 D 处的球分别还击到甲的两个底线位置 A 处和 B 处，让甲在底线移动中对乙的左后场区和右前场区进行直线、斜线高吊球的练习。要求甲在每回击一次球后适当地向球场中心位置回动（图 4-13）。

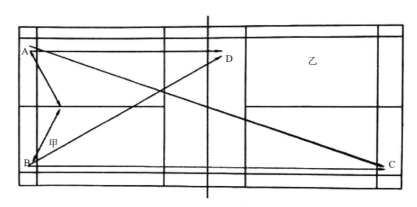

图 4-13　两点移动直线、斜线高吊左后场和右前场

四、两点移动直线、斜线高吊右后场和左前场

甲不论是在右场区底线与边线附近位置 A 处，还是在左场区底线与边线附近位置 B 处，均将球打到乙的右后场区位置 C 处或吊到左前场区位置 D 处；乙则

将甲击到位置 C 处或 D 处的球分别还击到甲的两个底线位置 A 处和 B 处，让甲在底线移动中对乙的左后场区和左前场区进行直线、斜线高吊球的练习。要求甲在每回击一次球后适当地向球场中心位置回动（图 4-14）。

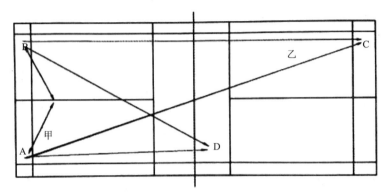

图 4-14 两点移动直线、斜线高吊右后场和左前场

第三节 高杀球路

一、直线高球杀直线

第一，乙把球发到甲的右后场位置 A 处，甲在位置 A 处用直线高球将乙发过来的球打到乙的左后场区位置 B 处，乙还击甲的后场直线高球到位置 A 处，甲杀直线球到位置 C 处，乙将甲杀过来的球挑到位置 A 处，甲再回直线后场高球到位置 B 处，如此重复，直到球落地为止（图 4-15）。

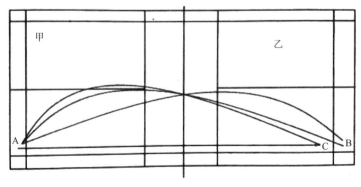

图 4-15 直线高球杀直线

第二，乙把球发到甲的左后场位置 A 处，甲在位置 A 处用直线高球将乙发过来的球打到乙的右后场区位置 B 处，乙还击甲的后场直线高球到位置 A 处，甲杀直线球到位置 C 处，甲将甲杀过来的球挑到位置 A 处，甲再回直线后场高球到位置 B 处。如此重复，直到球落地为止（图 4-16）。

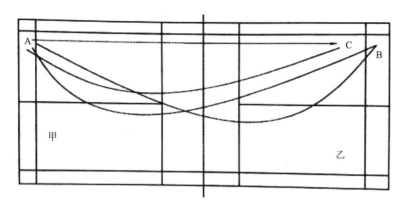

图 4-16　直线高球杀直线

二、直线高球杀斜线

第一，乙把球发到甲的右后场位置 A 处，甲在位置 A 处用直线高球将乙发过来的球打到乙的左后场区位置 B 处，乙还击甲的后场直线高球到 A 处，甲杀斜线球到位置 C 处，乙将甲杀过来的球挑到位置 A 处，甲再回直线后场高球到位置 B 处。如此重复，直到球落地为止（图 4-17）。

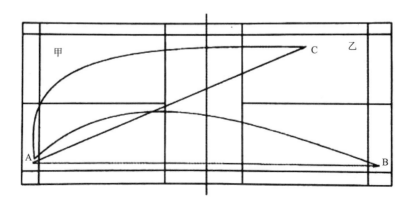

图 4-17　直线高球杀斜线

第二，乙把球发到甲的左后场位置 A 处，甲在位置 A 处用直线高球将乙发过来的球打到乙的右后场区位置 B 处，乙还击甲的后场直线高球到位置 A 处，甲杀斜线球到位置 C 处，乙将甲杀过来的球挑到位置 A 处，甲再回直线后场高球到位置 B 处。如此重复，直到球落地为止（图 4-18）。

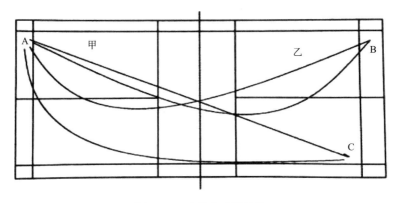

图 4-18　直线高球杀斜线

三、斜线高球杀直线

第一，乙把球发到甲的右后场位置 A 处，甲在位置 A 处用斜线高球将乙发过来的球打到乙的右后场区位置 B 处，乙还击甲的后场斜线高球到位置 A 处，甲杀直线球到位置 C 处，乙将甲杀过来的球挑到位置 A 处，甲再回斜线后场高球到位置 B 处。如此重复，直到球落地为止（图 4-19）。

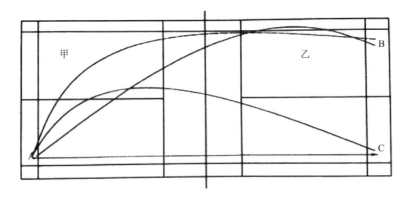

图 4-19　斜线高球杀直线

第二，乙把球发到甲的左后场位置 A 处，甲在位置 A 处用斜线高球将乙发过来的球打到乙的左后场区位置 B 处，乙还击甲的后场斜线高球到位置 A 处，甲杀直线球到位置 C 处，乙将甲杀过来的球挑到位置 A 处，甲再回斜线后场高球到位置 B 处。如此重复，直到球落地为止（图 4-20）。

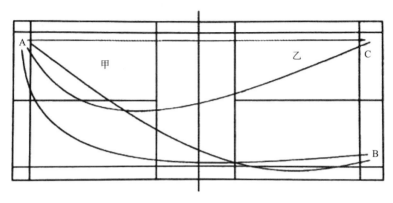

图 4-20　斜线高球杀直线

四、斜线高球杀斜线

第一，乙把球发到甲的右后场位置 A 处，甲在位置 A 处用斜线高球将乙发过来的球打到乙的右后场区位置 B 处，乙还击甲的后场斜线高球到位置 A 处，甲杀斜线球到位置 C 处，乙将甲杀过来的球挑到位置 A 处，甲再回斜线后场高球到位置 B 处。如此重复，直到球落地为止（图 4-21）。

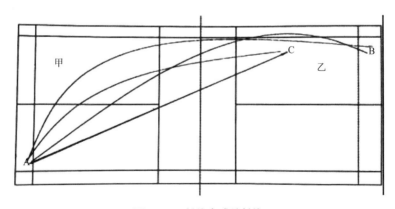

图 4-21　斜线高球杀斜线

第二，乙把球发到甲的左后场位置 A 处，甲在位置 A 处用斜线高球将乙发过来的球打到乙的左后场区位置 B 处，乙还击甲的后场斜线高球到位置 A 处，甲杀斜线球到位置 C 处，乙将甲杀过来的球挑到位置 A 处，甲再回斜线后场高球到位置 B 处。如此重复，直到球落地为止（图 4-22）。

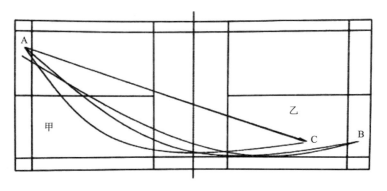

图 4-22　斜线高球杀斜线

第四节　吊杀球路

一、吊直线杀直线

第一，乙把球发到甲的右后场位置 A 处，甲将球吊到乙的左前场位置 C 处，乙把位置 C 点吊直线杀直线位置的球挑到甲的后场位置 A 处，甲杀直线球到乙的左场区位置 B 处，乙再把球挑至位置 A 处。如此重复，直到球落地为止（图 4-23）。

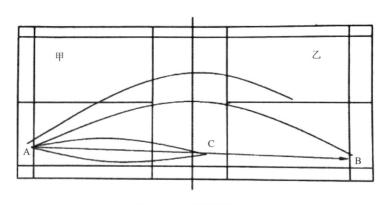

图 4-23　吊直线杀直线

第二，乙把球发到甲的左后场位置 A 处，甲将球吊到乙的右前场位置 C 处，乙把位置 C 处的球挑到甲的后场位置 A 处，甲杀直线球到乙的右场区位置 B 处，乙再把球挑至位置 A 处。如此重复，直到球落地为止（图 4-24）。

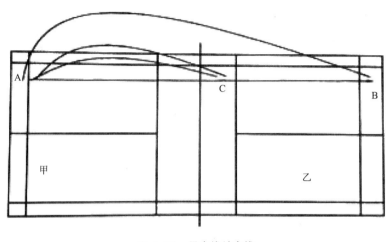

图 4-24　吊直线杀直线

二、吊直线杀斜线

第一，乙把球发到甲的右后场位置 A 处，甲将球吊到乙的左前场位置 C 处，乙把位置 C 处的球挑到甲的后场位置 A 处，甲杀斜线球到乙的右场区位置 B 处，乙再把球挑至位置 A 处。如此重复，直到球落地为止（图 4-25）。

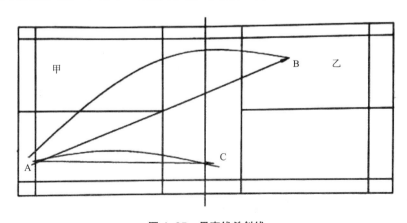

图 4-25　吊直线杀斜线

第二，乙把球发到甲的左后场位置 A 处，甲将球吊到乙的右前场位置 C 处，乙把位置 C 的球挑到甲的后场位置 A 处，甲杀斜线球到乙的左场区位置 B 处，乙再把球挑至位置 A 处。如此重复，直到球落地为止（图 4-26）。

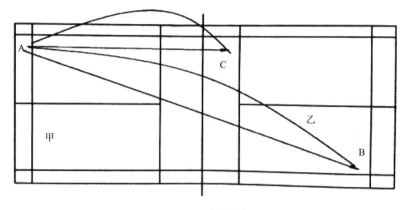

图 4-26　吊直线杀斜线

三、吊斜线杀直线

第一，乙把球发到甲的后场位置 A 处，甲将球吊到乙的右前场位置 C 处，乙把位置 C 处吊斜线杀直线位置的球挑到甲的后场位置 A 处，甲杀直线球到乙的左场区位置 B 处，乙再把球挑至位置 A 处。如此重复，直到球落地为止（图 4-27）。

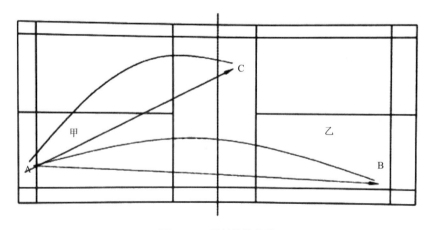

图 4-27　吊斜线杀直线

第二，乙把球发到甲的左后场位置 A 处，甲将球吊到乙的左前场位置 C 处，乙把位置 C 处的球挑到甲的后场位置 A 处，甲杀直线球到乙的右场区位置 B 处，乙再把球挑至位置 A 处。如此重复，直到球落地为止（图 4-28）。

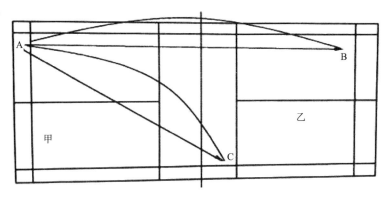

图 4-28 吊斜线杀直线

四、吊斜线杀斜线

第一，乙把球发到甲的右后场位置 A 处，甲将球吊到乙的右前场位置 C 处，乙把 C 处位置的球挑到甲的后场位置 A 处，甲杀斜线球到乙的右场区位置 B 处，乙再把球挑至位置 A 处。如此重复，直到球落地为止（图 4-29）。

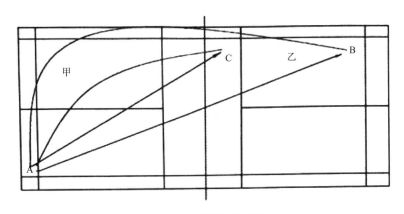

图 4-29 吊斜线杀斜线

第二，乙把球发到甲的左后场位置 A 处，甲将球吊到乙的左前场位置 C 处，乙把 C 处位置的球挑到甲的后场位置 A 处，甲杀斜线球到乙的左场区位置 B 处，乙再把球挑至位置 A 处。如此重复，直到球落地为止（图 4-30）。

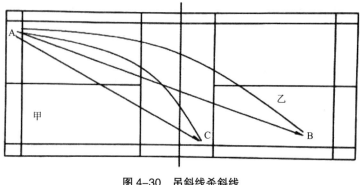

图 4-30　吊斜线杀斜线

第五节　杀上网球路

一、固定杀上网练习

（一）直线高球杀直线上网

第一，甲站在右场区底线与边线附近位置 A 处，乙从左场区发后场高球到甲的右场区位置 A 处，甲在位置 A 处进行直线后场高球 B 和杀直线球 C 的练习，乙则将甲的直线后场高球 B 回击到甲的右后场底线位置 A 处，将甲杀过来的直线球 C 还击到甲的网前位置 D 处，甲从后场上网到网前位置 D 处，将球搓到乙的左前场网前位置 E 处，乙在位置 E 将来球用直线高球挑回到甲的右后场底线位置 A 处，让甲再进行还击。如此重复，直到球落地为止（图 4-31）。

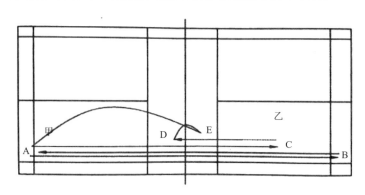

图 4-31　直线高球杀直线上网

第二，甲站在左场区底线与边线附近位置 A 处，乙从右场区发后场高球到甲的左场区位置 A 处，甲在位置 A 处进行直线后场高球 B 和杀直线球 C 的练习，乙则将甲的直线后场高球 B 回击到甲的左后场底线位置 A 处，将甲杀过来的直线球 C 还击到甲的网前位置 D 处，甲从后场上网到位置 D 处将球搓到位置 E 处，乙在位置 E 处用直线高球挑回到甲的左后场底线 A 处，让甲再进行还击。如此重复，直到球落地为止（图 4-32）。

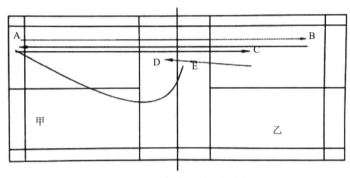

图 4-32　直线高球杀直线上网

（二）直线高球杀斜线上网

第一，甲站在右场区底线与边线附近位置 A 处进行直线高球 B 和斜线杀球 C 的练习，乙从位置 B 处直接将球打到甲的右后场底线位置 A 处，乙在 C 处把甲杀来的球用直线球还击到甲的网前位置 D 处，甲上网到网前位置 D 处，将球搓到乙的网前位置 E 处，再由乙从位置 E 处将球挑到甲的右场区底线位置 A 处，使甲进行重复练习，直到球落地为止（见图 4-33）。

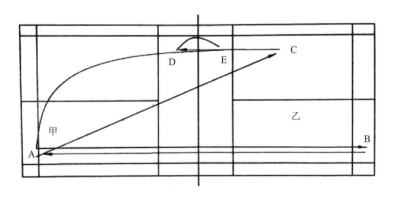

图 4-33　直线高球杀斜线上网

第二，甲站在左场区底线与边线附近位置 A 处进行直线高球 B 和斜线杀球 C 的练习，乙从位置 B 处直接将球打到甲的左后场底线位置 A 处，乙在位置 C 处把甲杀来的斜线球用直线还击到甲的网前位置 D 处，甲上网到网前位置 D 处，将球搓到乙的网前位置 E 处，再由乙从位置 E 处将球挑到甲的左场区底线位置 A 处，使甲进行重复练习，直到球落地为止（见图 4-34）。

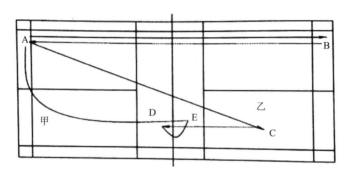

图 4-34 直线高球杀斜线上网

（三）斜线高球杀直线上网

第一，甲站在右场区底线与边线附近位置 A 处进行斜线高球 B 和直线杀球 C 的练习，乙将甲打到位置 B 处的高球还击到位置 A 处，将甲杀到位置 C 处的球还击到甲的右前场区位置 D 处，甲上网到网前位置 D 处，将球搓或放到乙的左前场位置 E 处，乙在位置 E 用直线高球将其挑回到甲的后场位置 A 处，让甲进行重复练习，直到球落地为止（图 4-35）。

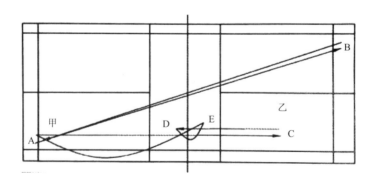

图 4-35 斜线高球杀直线上网

第二，甲站在左场区底线与边线附近位置 A 处进行斜线高球 B 和直线杀球 C

的练习，乙将甲打到 B 的高球还击到位置 A 处，将甲杀到位置 C 处的球还击到甲的左前场区位置 D 处，甲上网到网前位置 D 处，将球搓或放到乙的右前场位置 E 处，乙在位置 E 处用直线高球将其挑回到甲的后场位置 A 处，让甲进行重复练习，直到球落地为止（图 4-36）。

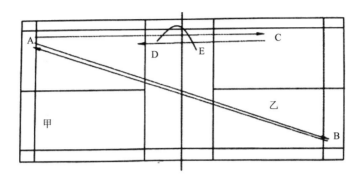

图 4-36　斜线高球杀直线上网

（四）斜线高球杀斜线上网

第一，甲站在右场区底线与边线附近位置 A 处进行斜线高球 B 和斜线杀球 C 的练习，乙将甲打到位置 B 处的高球还击到 A 处，将甲杀到位置 C 处的杀球还击到甲的左前场区位置 D 处，甲上网到网前位置 D 处，将球搓或放到乙右前场位置 E 处，乙在位置 E 处用斜线高球挑回到甲的后场位置 A 处，让甲进行重复练习，直到球落地为止（图 4-37）。

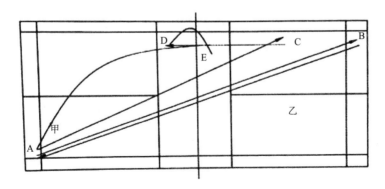

图 4-37　斜线高球杀斜线上网

第二，甲站在左场区底线与边线附近位置 A 处进行斜线高球 B 和斜线杀球 C 的练习，乙将甲打到位置 B 处的高球还击到位置 A 处，将甲杀到位置 C 处的球还击到甲的右前场区位置 D 处，甲上网到网前位置 D 处，将球搓或放到乙的左前场位置 E 处，乙在位置 E 处用斜线高球挑回到甲的后场位置 A 处，让甲进行重复练习，直到球落地为止（图 4-38）。

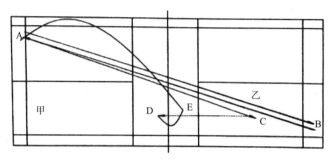

图 4-38　斜线高球杀斜线上网

二、半固定或不固定杀上网练习

（一）两点移动高、杀上网

甲在后场底线与边线附近位置 A 或位置 B 处，把球打到乙的左后场区域位置 C 处和杀到乙的右场区边线位置 D 处，乙在位置 C 处将甲打到左后场区的高球任意还击到甲的两个位置 A 或位置 B 处，在位置 D 处上接杀勾对角线，将甲杀到位置 D 处的球勾到甲的右前场区位置 E 处，甲上网到网前位置 E 处，将球搓或放到乙的左前场位置 F 处，乙在 F 处任意将球击到甲的两底角位置 A 或位置 B 处，让甲在位置 A、位置 B 处进行移动中的还击。要求甲每击完一次球后必须向球场中心位置回动（图 4-39）。

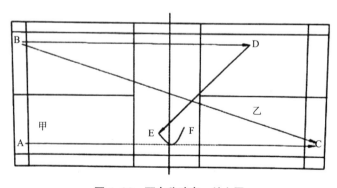

图 4-39　两点移动高、杀上网

（二）半固定高、杀上网

甲发后场高远球，乙在后场还击斜线后场高球 1，甲回直线后场高球 2，乙重复直线后场高球 3，甲杀斜线 4，乙接杀挡网前 5，甲上网搓球 6，乙在网前挑直线后场高球 7，甲还击直线高球 8，乙重复直线后场高球 9，甲杀斜线球 10，乙在右场区重复左场区第 5、6、7 拍的球路，将球击回到甲的左后场区底线位置。甲重复第 2 拍以后的球路，反复练习（图 4-40）。

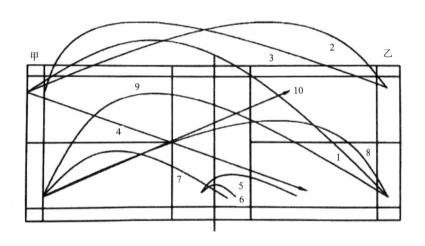

图 4-40　半固定高、杀上网

（三）高杀对接高杀

甲为主练，只能使用高球或杀球来进攻，主要练习高杀进攻；乙为陪练，主要练习接高杀的全场防守。主练在后场任意打高球或平高球，但不得连续超过三拍。对陪练来说，如果主练打高球，陪练也得还击高球，如果主练杀球，陪练在接杀球的时候，可选择接杀挡直线网前或接杀勾对角线网前。这时主练应迅速上网，然后回放陪练网前球，陪练在网前挑后场高球。如此重复练习，直到球落地为止。

（四）高杀对高杀

全场练习，除后场吊球外的其他技术均可运用。

第六节 吊上网球路

一、固定吊上网练习

（一）直线吊上网练习

第一，甲站立于正手底线位置 A 处，将乙发到位置 A 处的球吊至乙左前场位置 B 处，乙将球从网前送到甲的右前场位置 C 处，甲上网于后场位置，将位置 C 处的来球向乙的左前场位置 B 处重新搓回，而乙则将甲搓来的球挑到甲的正手后场底线位置 A 处。甲持续练习直线吊上网，直至球落地（图 4-41）。

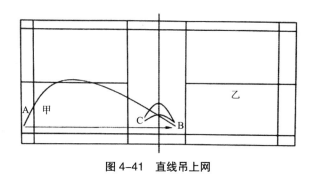

图 4-41 直线吊上网

第二，甲站在反手底线位置 A 处，将乙发到位置 A 处的球吊到乙的右前场区域位置 B 处，乙在网前位置 B 处将球打向甲的左前场位置 C 处，甲上网于后场区域，将位置 C 处上的来球向乙的右前场位置 B 处搓回，乙将甲搓过来的球挑至甲的反手后场底线位置 A 处。甲持续进行直线吊球的网络练习，直至球落到地面（图 4-42）。

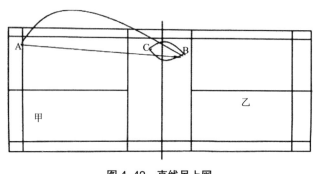

图 4-42 直线吊上网

第三，甲站在正手底线位置 A 处，将乙发到位置 A 处的球用后场高球吊到乙的左后场区域位置 B 处击打，乙在位置 B 处将球击打到位置 A 处，甲在位置 A 处将来球向乙的左前场区域位置 C 处进行吊球动作，乙在网前位置 C 处向甲的右前场区域位置 D 处击球，甲上网于后场区域，将来自位置 D 处的网球搓回到左前场位置 C 处，乙将甲球搓过来的球挑向甲正手后场底线位置 A 处。甲不断上网重复练习直线吊球，直到球成功落地（图 4-43）。

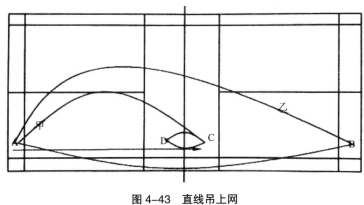

图 4-43　直线吊上网

（二）斜线吊上网练习

第一，甲站在正手底线位置 A 处，将球从乙的位置 A 处送到乙的右前场位置 B 处，乙在位置 B 处将球回放至甲的网前位置 C 处，甲从后场上网，将乙放的网前球搓或放回到乙的前场位置 D 处，乙在网前位置 D 处将球挑回甲的后场位置 A 处。如此反复，直至球体接触地面（图 4-44）。

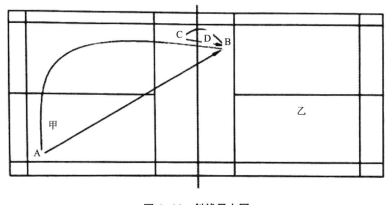

图 4-44　斜线吊上网

（2）甲站在反手底线位置 A 处，将乙发到位置 A 处的球吊到乙的左前场位置 B 处，乙在位置 B 处将球回放到甲的网前位置 C 处，甲上网于后场区域，将乙放的网前球朝乙的网前位置 D 处回搓或放回，乙在网前位置 D 处将球向甲的后场位置 A 处回挑。如此重复，直到球落地为止（图 4-45）。

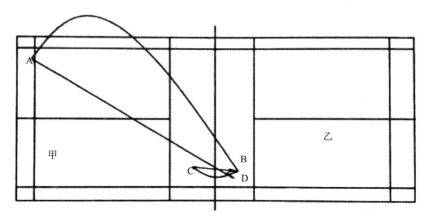

图 4-45 斜线吊上网

第三，甲站在正手底线位置 A 处，将乙发到位置 A 处的球吊到乙的右前场位置 B 处，乙在位置 B 处将球回放至甲的网前位置 C 处，甲从后场上网，将乙放的网前球推到乙的左后场位置 D 处，乙在位置 D 处将球回击到甲的后场位置 A 处。如此反复，直至球体接触地面（图 4-46）。

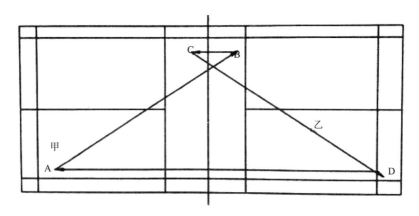

图 4-46 斜线吊上网

第四，甲在反手底线位置 A 处站立，把乙发到位置 A 处的球吊到乙的左前场位置 B 处，乙在位置 B 处将球回放到甲的网前位置 C 处，甲从后场上网把乙放的网前球推到乙的右后场位置 D 处，乙在位置 D 处将球还击到甲的后场位置 A 处。如此重复，直到球落地为止（图 4-47）。

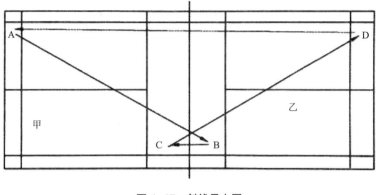

图 4-47　斜线吊上网

二、半固定吊上网练习

第一，甲在后场底线位置 A 处或位置 B 处把球分别吊到乙的网前两角位置 C 处或位置 D 处，乙上网把甲吊过来的球从位置 C 处或位置 D 处上任意回放到甲的前场位置 E 处或位置 F 处，甲从后场上网用搓或勾球的手法将球回击到乙的网前位置 C 处或位置 D 处，乙分别站在位置 C 处或位置 D 处将甲搓或勾过来的球挑到甲的后场位置 A 处或位置 B 处，让甲在整个场地不断移动，重复练习半固定上网动作（图 4-48）。

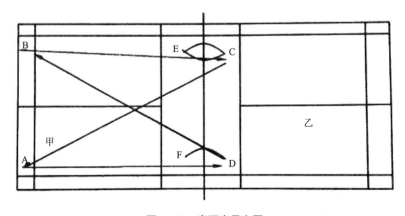

图 4-48　半固定吊上网

第二，甲在位置 A 处将球吊到乙的前场区域位置 B 处，乙从球场中心位置上网，将位置 B 处的来球回放到位置 C 处，甲从位置 A 处上网，在位置 C 处勾斜线球到位置 D 处，乙在位置 D 处挑斜线后场高球到位置 A 处。如此循环，直到球落地为止（图 4-49）。

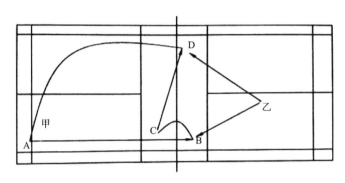

图 4-49　半固定吊上网

第三，甲在后场底线把球吊到乙的场区任何位置，乙将甲吊过来的球回放网前，甲上网后进行搓或推球，乙把甲搓或推过来的球还击到甲的底线，甲再进行吊球。如此循环，直到球落地为止。

第四，甲在后场底线位置 A 处吊直线球到位置 B 处，乙在位置 B 处回放网前球，甲上网到位置 C 处搓网前球，乙在位置 D 处回搓网前球到位置 C 处，甲在位置 C 处把球挑到乙的后场底线位置 E 处，乙在后场进行吊网前球，甲回放乙的网前球，乙上网搓球。如此循环，直到球落地为止。甲、乙两人进行同一球路内容的练习（图 4-50）。

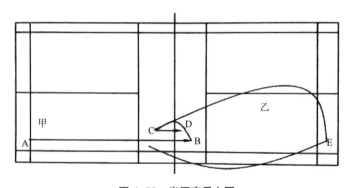

图 4-50　半固定吊上网

第五，乙在球网右侧的左发球区发后场高远球 1，到甲的左后场区。甲还击直线后场高球 2，乙在右侧后场吊直线网前球 3，甲从左后场上网放网前球 4，乙从右侧后场上网搓网前球 5，甲在网前挑斜线后场高球到甲的左后场区 6，乙回击直线后场高球 7，甲在右侧后场吊直线网前球 8，乙从左侧后场上网放网前球 9，甲从右侧后场上网搓网前球 10，乙在网前挑斜线后场高球到甲的左后场区 1，甲在左后场区回直线后场高球 2，乙在右侧后场吊直线网前球 3。如此重复，直到球落地为止（图 4-51）。

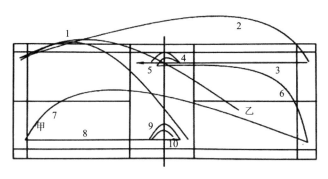

图 4-51 半固定吊上网

第六，乙在球网右侧的左发球区发后场高远球 1 到甲的右后场区，甲还击直线后场高球 2，乙在右侧后场吊斜线网前球 3，甲从左后场上网放网前球 4，乙从右侧后场上网搓网前球 5，甲在网前挑直线后场高球 6 到乙的左后场区，乙回击直线后场高球 7，甲在右侧后场吊斜线网前球 8，乙从左侧后场上网放网前球 9，甲从右侧后场上网搓直线网前球 10，乙在网前挑直线后场高球到甲的左后场区 11，甲在左后场区回直线后场高球 2，乙在右侧后场吊斜线网前球 3。如此重复，直到球落地为止（图 4-52）。

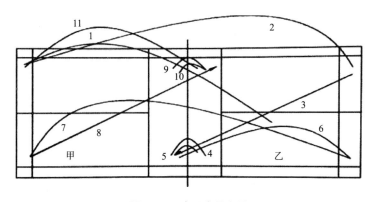

图 4-52 半固定吊上网

第五章　羽毛球战术运用

　　战术是运动员在比赛中为了战胜对手而采取的计划和行动，能够体现出运动员高超的竞技水平。战术与技术、体能、心理素质之间是一种辩证关系，相互依存、相互联系又相互制约。在比赛中，运动员的竞技技能、体能和心理素质都能通过运动员在比赛中所采取的战术和行动体现出来，技术和体能是战术的基础，心理素质是战术成功实施的保障。先进的战术可以使技术、体能、心理素质得到提高。

　　在选择战术时要综合考虑自身实际情况和对手的情况，要衡量自身技术水平、技巧、体能、心理素质等条件，选择对自己有利的击球方式。

第一节　单打战术的取位

一、高球和吊球的取位

　　如果你在后场回击高球或吊球时，能够打出弧度很平的直线平高球，使回球的质量较高，这时你向球场中心位置回位的移动就不需要很大，也就是说不必回到球场的中心位置，而只需要稍微向中心位置跟进一点儿，把注意力放在对方回直线球的位置上，同时提防对方回斜线球就可以了；如果你是回击对方斜线后场球，这时向球场中心位置的移动就要大一些，跟着球移动，重点放在对方回击直线的吊球或后场球。总之，如果回击直线球，那么向球场中心位置的回位移动可以小一些，若回斜线球，回位移动的位置要大一些，跟着回球的方向移动，主要是保护后场直线或网前直线。

二、杀球的取位

　　当在中场附近将对方来球扣杀过去并且质量较高时，可以直接往前移动，但是要注意封网前。也就是说，半场球扣杀时，在主动的情况下，把握性较大时，可以往前多压一些，杀完就往前跑，准备在网前回击对方来球。当在后场位置杀球，杀过去的球质量和位置都不太好时，且对手又有接杀挑后场的能力，这时不要急于往前冲上去等在前场，应先向前垫一小步，先判断对方出球方向，然后再移动。

三、网前球的取位

当我方搓球或网前小球击球点较高、回球质量较高时，不一定要马上向后退，因为对方的回球只有两种情况，一是将球反搓过网，二是将球向上挑起，如果是向上挑起的话，才有时间向后退。所以，取位的重点就是防止对方的反搓。当我方搓完球后，可以不往后退，仅稍微向后垫一步，准备封对方回球。如果我方搓球质量不高，打过去的球较高，这时站位又在左、右前场区域时，对方就很可能要平推后场，这时就要迅速后退，重点防后场球。总之，当我方回击的网前球质量较高时，就不必急于后退，取位重点在前场，争取下一拍进攻。若出球质量不高、位置又不好时，就要稍向后退一点儿，重心放在后面，但仍需照顾前场区。

四、接杀球的取位

接杀球的整个位置移动要跟着出球的路线走。如果回直线球，身体应面对直线这边，侧重防对方回直线的半区；如果从右、左、半场回对角线球，身体就要向左、右、半场区移动。也就是人要跟着球走，你向哪个方向回击球，就应向着回击球的方向移动。

第二节 单打进攻战术

一、发球抢攻战术

在一场比赛中，发球抢攻是一种很重要的得分方式。在发球时，可以依据对手的站位、回击球的习惯球路、反击能力、打法特点、精神和心理状况等因素，采取各种不同的发球方式，来争取前几拍的主动。以此为手段，扰乱敌人的整体战略布局，使对手自乱阵脚。尤其是在紧要关头，利用发球的抢攻战术，会产生很不同的效果。例如，在相持阶段，可以利用其来打破僵局，争取主动权，在领先的时候，可以利用这一点一举击败对手，当处于劣势的时候，可以利用这一点，实现逆风翻盘。

（一）发前场区抢攻战术

发前场区球有发 1 号区球，2 号区球，1、2 号之间区球，追身球等，如图 5-1 所示。

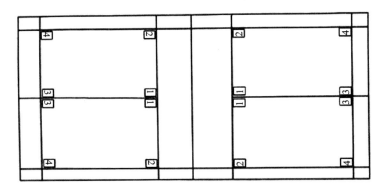

图 5-1　场地接发球点位

发前场区球，一是为了防止对手立即发起进攻，二是为了准确地、有意识地判断对手的回击路线，以便进行迅速、有力的进攻。如果进攻效果好，就可以取得一分，或者得到二次进攻的良机。在通常情况下，主要是发 1 号区与 2 号区间的球，这样较为安全，不会出现失误。如果我方发出一个高质量的前场区球，紧接着应该快速而精确地对对方的回击习惯球路和意图进行判断，然后调整好自己的位置，这样就可以把握有利时机，发起进攻。如图 5-2 所示，我方从右场区发一个 1、2 号之间的球，对方回击一直线网前球，我方已判断到对方的球路，即快速反搓直线球（图 5-2 中的 1）、假动作平推直线底线球（图 5-2 中的 2）、勾对角网前球（图 5-2 中的 3）。如第一次抢攻质量好，可立即得分或创造第二次攻击机会。发前场区球抢攻战术的其他例图如图 5-3 至图 5-5 所示。

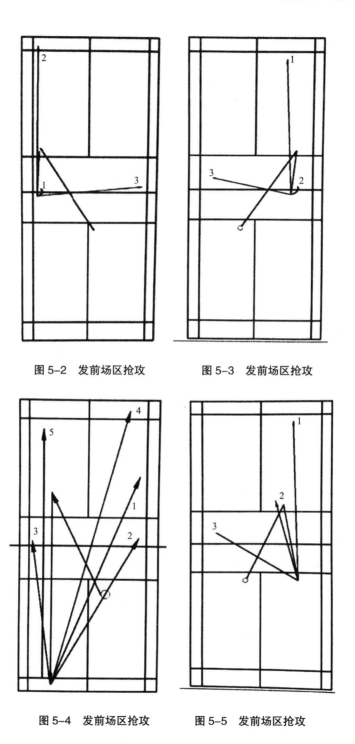

图 5-2 发前场区抢攻   图 5-3 发前场区抢攻

图 5-4 发前场区抢攻   图 5-5 发前场区抢攻

（二）发平高球抢攻战术

有在 3 号区、4 号区或 3、4 号区之间所发的三种平高球。

发平高球进攻与发前场区进攻的区别：发前场区进攻可以直接利用有利条件进攻，而发平高球进攻需要在防守中同时反击，从而取得进攻的优势。

发平高球的目的：一是在前场区域配合进攻；二是使对方盲目地攻击，或者在我方的判断范围内攻击，这样就可以迅速地由守转攻；三是让对手在失控的情况下直接发生失误。如图 5-6 所示，当对方从右后场区杀一直线球时，我方已判断到对方的球路，即迅速转体，选择以下三条守中反攻球路：挡一直线网前球、勾一对角网前球、反抽一底线球。如以上击球质量好，可立即得分或能创造第二次进攻的机会。

发平高球抢攻战术的其他示例如图 5-7 至图 5-14 所示。

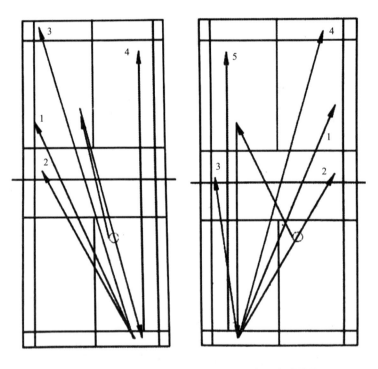

图 5-6　发平高球抢攻　　　　图 5-7　发平高球抢攻

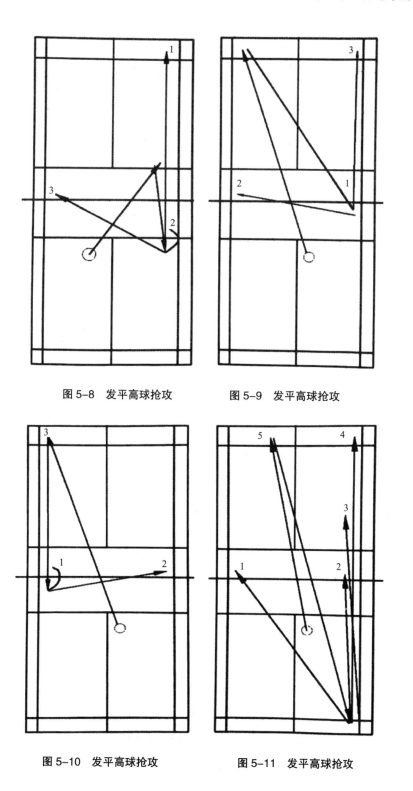

图 5-8　发平高球抢攻　　　　　　图 5-9　发平高球抢攻

图 5-10　发平高球抢攻　　　　　　图 5-11　发平高球抢攻

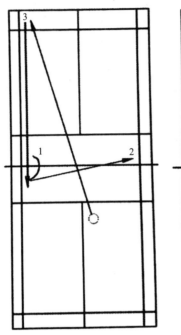
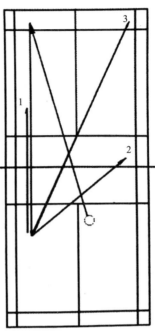

图 5-12　发平高球抢攻　　图 5-13　发平高球抢攻

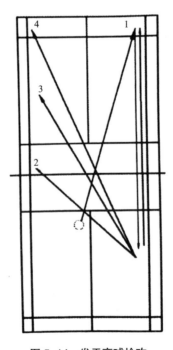

图 5-14　发平高球抢攻

（三）发平射球抢攻战术

发平射球主要是在 3 号区发平射球（图 5–15）。

发平射球战术的目的：首先是当对手反应较慢或站位靠近边线造成 3 号区出现空隙时，可以对 3 号区进行偷袭，成功率较高；其次是让对手被迫采取平抽快打的打法；最后是可以扩大对手网前区的空隙，将对手逼至后场区。当对方从右后 3 号区杀我方正手追身球时，如我方已判断到他的回击球路线，则可迅速反击以下四条球路：勾对角网前球（图 5–16 中的 1）、挡直线网前球（图 5–16 中的 2）、反抽直线球进行对攻（图 5–16 中的 3）、反拉左后场平高球（图 5–16 中的 4），如抢攻质量好，可立即得分或获得第二次进攻的机会。

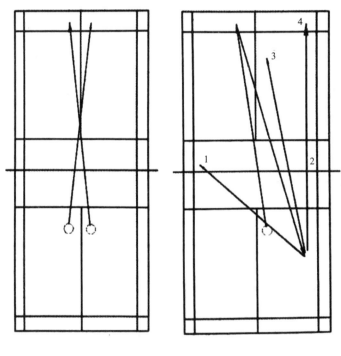

图 5–15　发平射球抢攻　　图 5–16　发平射球抢攻

二、接发球抢攻战术

在所有的接发球技术中，"接发球抢攻"是较具威胁的一种，但这是建立在对手的发球技术水平不高的基础上的。如在发高球的时候，落点位置把握不好，发前场区过网的球打得太高，在发平射球时发球速度慢，发球角度差，在发平高球时球的节奏、落点、弧度不佳，都将为我方接发球抢攻创造有利条件。没有这个先决条件，一味地抢攻是不会有太大效果的，也是不太可能成功的。此外，还需要有主动出击的勇气。要想取得抢攻战术的成功（得分），必须以自己的技术特点和身体条件为依据，并与对方的技术特点、身体条件和心理素质相结合。例如，在对手发平高球落点不佳时，我方就要运用擅长技术抓住良好抢攻时机，发挥积极的、大胆的抢攻意识。

在完成一次抢攻战术之前，一般都要先组织两三拍的抢攻球路。因此，一旦决定要采用抢攻战术，就要立刻寻找对手的弱点和习惯球路，并加快扩大控制面的速度，速战速决，一次性完成抢攻战术。

如图 5-17、5-18 所示，发球方从右场区发一平高球，由于控制得不好，接发球方有了可抢攻的机会，通过观察发现发球方防守中路球的能力差，故接发球方可大胆、快速地攻击对方的中路弱点，然后快速上网。第一次攻击如果能得分最好，不能得分就要靠快速上网进行第二次攻击，即上网扑球，以达到这个回合的抢攻目的。

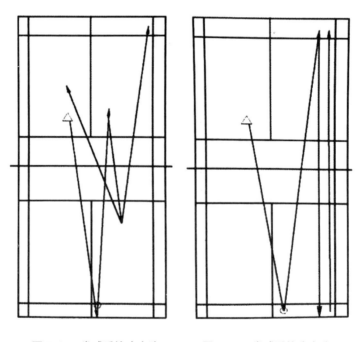

图 5-17　发球后抢攻中路　　　图 5-18　发球后抢攻中路

三、单个技术的进攻战术

（一）重复平高球进攻战术

重复平高球进攻战术的特色就是用一次又一次的平高球攻击对手的同一个后场，甚至可以连续重复数拍将对手一网打尽，也可以逼迫对手发出半场高球再给予对手最后一击。这是一种非常有效的打法，用来应对回动上网速度快但对底线的控制能力较弱的对手。如图 5-19 至图 5-25 所示属于重复平高球战术的例子。

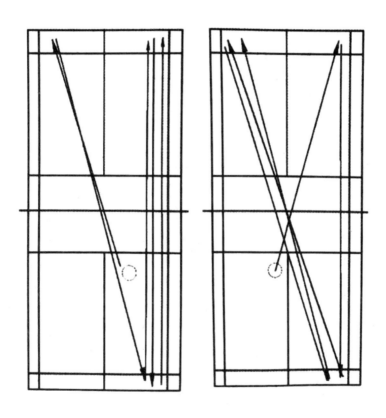

图 5-19　重复平高球　　　　　图 5-20　重复平高球

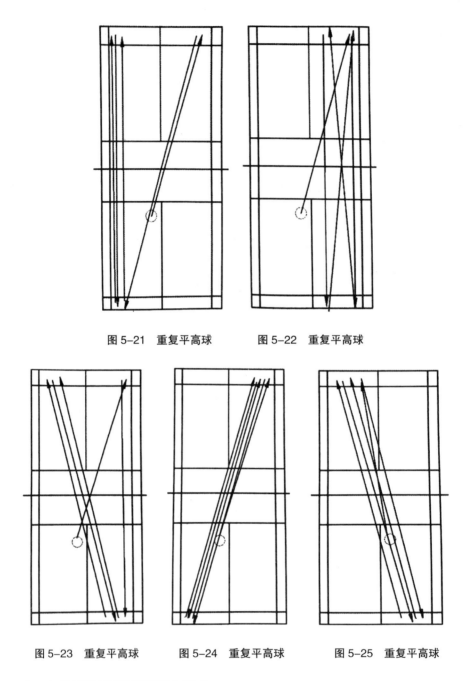

图 5-21　重复平高球　　　　图 5-22　重复平高球

图 5-23　重复平高球　　　图 5-24　重复平高球　　　图 5-25　重复平高球

（二）拉开两边平高球进攻战术

拉开两边平高球进攻战术的特点是利用平高球或挑平高球，持续攻击对方两侧后场底线，以取得我方的主动或令对方被动，便于我方给予对手致命一击（图

5-26）。此种打法对击球方平高球的控制能力包括击球速度、击球准确率、击球
爆发力和击球动作准确性有较高的要求。这种战术主要用来对付回动上网速度很
快但是进攻两底线能力较弱的对手。如图 5-27 至图 5-33 所示均属于拉开两边平
高球进攻战术。

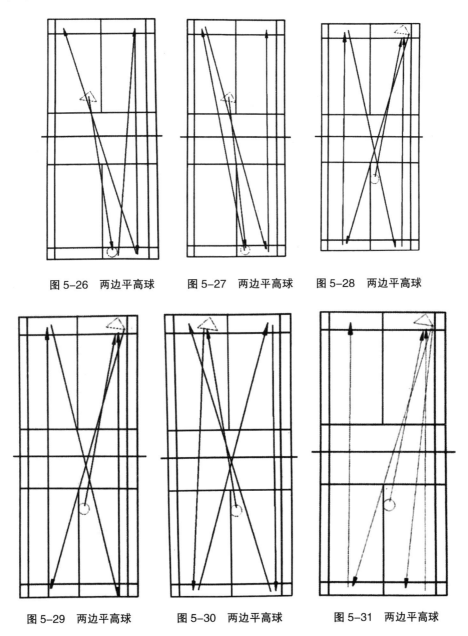

图 5-26　两边平高球　　　图 5-27　两边平高球　　　图 5-28　两边平高球

图 5-29　两边平高球　　　图 5-30　两边平高球　　　图 5-31　两边平高球

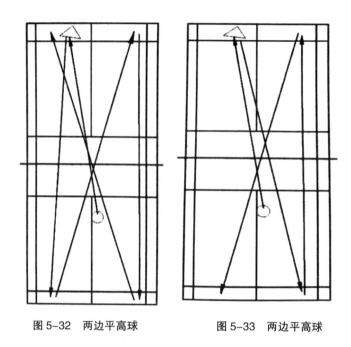

图 5-32　两边平高球　　　　　图 5-33　两边平高球

以上例图只以两拍为例，但在实战过程中，要创造出最后一击的机会，有时需要经过反复数拍才能完成。这种战术的重点是将球击到对方两底线处，迫使其回击出有利于我方进攻的球。另外，这种战术也只以对方回击高球为例，当对方以吊、杀、劈球回击时，运用此战术也可将球压至对方底线处，从而争取主动，再采用吊杀劈战术。

（三）重复吊球进攻战术

重复吊球进攻战术的特点是通过反复吊球攻击对方的一侧或两侧来获得攻击主动权。这种战术对我方的吊球技术以及吊球假动作技术掌握程度要求较高，当对手一味防守后退躲避我方的杀球而同时上网步法较差、底线球技术差时可采用这种战术，如图 5-34 所示。其他球路如图 5-35 至图 5-41 所示。

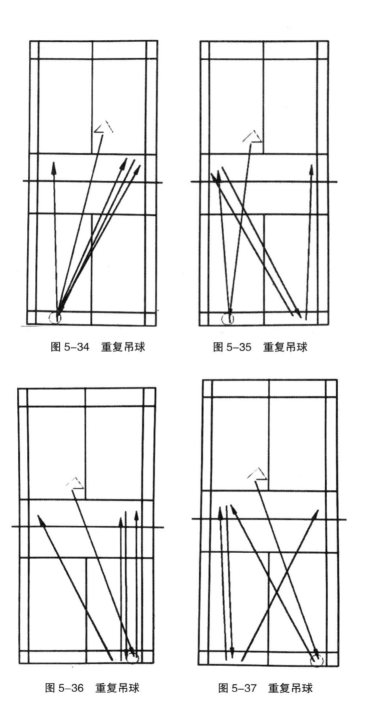

图 5-34 重复吊球　　　　图 5-35 重复吊球

图 5-36 重复吊球　　　　图 5-37 重复吊球

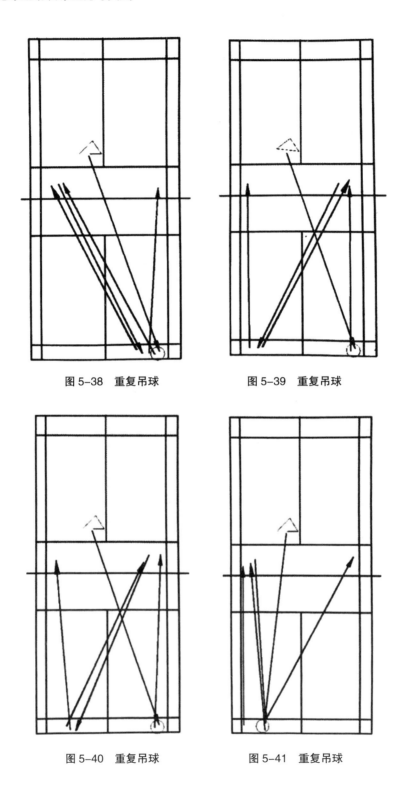

图 5-38　重复吊球　　　　　　　　　图 5-39　重复吊球

图 5-40　重复吊球　　　　　　　　　图 5-41　重复吊球

（四）慢吊（软吊）结合快吊（劈吊）战术

慢吊（软吊）就是将球以比较慢的速度和比较大的弧度从后场吊到网前，并且选用离网较近的落点。使用这种技术，与高球相结合，可以将对方的站位拉开，有时候也能得分。快吊（劈吊）就是将球以较快的速度从后场吊到网前，出球时基本上是一条直线，而且落点距离球网比较远。在对手站位之间被拉开距离而失去身体平衡的情况下，可以使用这种战术。

（五）重复杀球进攻战术

重复杀球进攻战术可用于对手习惯在防守时反拉后场球的比赛中（图 5-42、图 5-43）。在采用这种战术之前，要清楚对手的这种习惯，此时我方不必急于上网，要先找好适合重复杀球进攻的位置，然后进行轻杀或短杀。

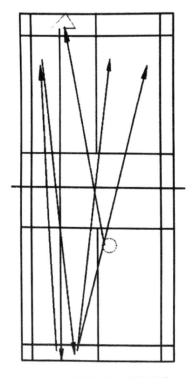 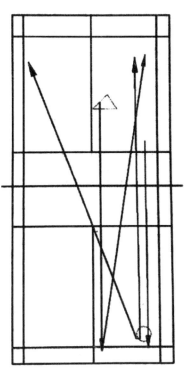

图 5-42　重复杀球　　　　图 5-43　重复吊球

（六）长杀结合短杀（点杀、劈杀）的进攻战术

简单来说，长杀结合短杀（点杀、劈杀）的进攻战术就是在直线上进行长杀，在对角线上进行短杀。直线长杀结合对角短杀会加大对手防守的难度，对手要移动较远的距离进行防守（图 5-44 中的 1），比在直线上短杀、在对角线上长杀产生的效果更好。同时直线短杀结合对角长杀所需移动的距离（图 5-44 中的 2）也较短，从图 5-45 中也可清楚地看到这两种方法的对比。

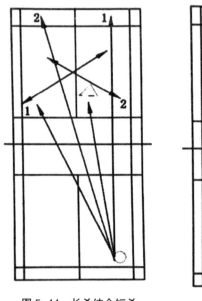 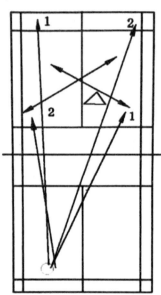

图 5-44　长杀结合短杀　　　　　图 5-45　长杀结合短杀

（七）重杀与轻杀的进攻战术

重杀与轻杀的进攻战术总结起来就是上半场重拳出击，下半场轻杀控制重心。当我方通过拉吊球获得半场球机会时，应该进行重杀，因为在半场球采用重杀战术不必担心失去身体平衡而失去对网前的控制；相反，如果我方把球打到后场时还要采用杀球，就要采用轻杀战术，这时如果使用重杀战术，一旦失去平衡导致上网速度慢，就会造成控制不了网前的不利局面。采用轻杀战术则能更好地维持自身的平衡，更有利于下一步对网前的控制。

（八）重复搓球进攻战术

重复搓球进攻战术可用于应对上网搓球之后习惯马上后退的对手，如图 5-46

所示，通过重复搓球进攻，我方可以获得进攻主动权，并阻止对手后退进攻。其他情况如图 5-47 至图 5-49 所示。

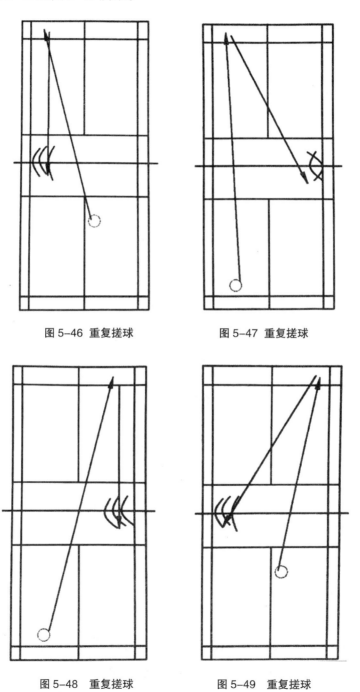

图 5-46　重复搓球　　　　　　　　图 5-47　重复搓球

图 5-48　重复搓球　　　　　　　　图 5-49　重复搓球

（九）重复推球进攻战术

重复推球进攻战术适合用来应对从后场拦住网前球后习惯立刻回到中心位置的对手，采用反手网前推直线球可以达到更好的效果（图 5-50）。

（十）两边勾球进攻战术

当我方在网前勾对角网前球而对手回搓直线网前球并想借机后退进攻时，我方可以采取两边勾球进攻战术，在对手转体时再勾一对角线网前球，如果对手转体差就能达到更好的效果（图 5-51）。

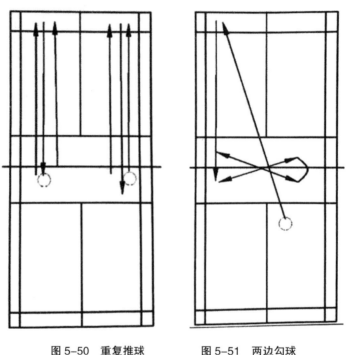

图 5-50　重复推球　　　　　图 5-51　两边勾球

以上所介绍的各种单个技术的进攻战术主要就是对单个技术的重复，想要发挥出单一重复战术的威力，就要练好基本功，在赛场上结合对手的实际情况和实力选取恰当的战术。

组合技术的进攻战术应变如下：

第一，以平高球开始组织的进攻战术。"快拉快吊结合突击"的打法包括平高结合突击战术（图 5-52）、平高结合劈吊战术（图 5-53）和平高结合杀吊战术

（图5-54），这种战术就是在进攻的一开始先发平高球，在进行单打比赛时，争夺每个球都有控制与反控制阶段、主动攻击阶段和最后一击决胜阶段三个阶段。

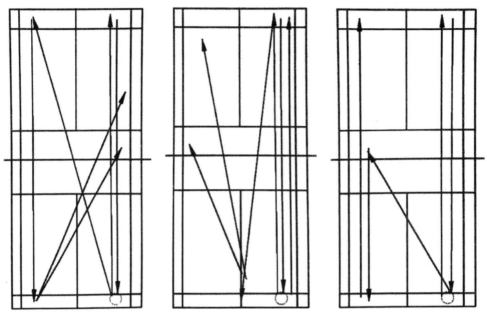

图5-52　平高结合突击　　　　图5-53　平高结合劈吊　　　　图5-54　平高结合杀吊

比如，我方球员在正手后场以直线平高球发起了攻击，球飞向对方头顶区。对方为了改变被动局面，决定反打对角平高球，试图让我方回击一个直线高球，以重夺主动权。此时，我方选择使用重复平高球战术，将球反压到对方的头顶区域，迫使对方只能回击一直线高球。同时，我方巧妙地挪动对方的中心位置，取得主动一击的机会。接着，我方迅速地采用吊劈对角球策略，牢牢掌控比赛的走向。此时，对方回球非常被动，只能返回网前。我方察觉到对方局限性，便轻松地做个搓球假动作上网，并快速打出一记直线推球。这导致对方只能回击一个高球到我方半场，进一步加大我方的攻击优势。我方以强有力的后场追身球压制对方，强迫其只能应付落点在网前的挡球。对方回传的球质量欠佳，会为我方的上网扑球提供绝佳机会，最终我方就能成功结束本回合的争夺。

如图5-55所示，控制反制阶段包括1～2拍，主动进攻阶段包括3～4拍，最后的致命攻击阶段则是5～6拍。在进行控制反制争夺中，需要把握时机，保持稳定、精准和灵活。一旦有机会发起进攻，要快速、精确地抓住时机。在攻击的最后一击时，需要迅速而狠辣地打击对方。在处理每个球时，应当清晰地认识到自身所处的情形，并避免混淆不同阶段的操作。如果还没有取得先手优势，就不应该采取主动攻击或者最终致命一击的行动。在每一轮争夺中，要正确地处理每个阶段的球在每个阶段采取适当的行动，如果在主动攻击阶段却不采取主动攻击的行动，或者在最后攻击阶段却不采取最后攻击的行动，都是不正确的，都可能会导致被动或失去主动权。

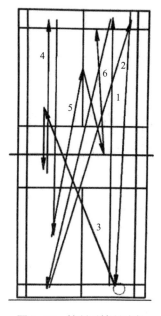

图 5-55　控制反控制阶段

若要执行以平高球开始的进攻战术，则必须满足以下几个条件：首先，我方团队必须有相当不错的平高球掌控技巧，同时能够对对手的进攻进行一定的防守；其次，后场的对手缺乏进攻能力，不太擅长主动出击；最后，对方的步法存在弱点，通过高吊的控制才能达到较好的效果。否则难以获得比赛的胜利。

第二，以吊劈开始组织进攻的战术。以吊劈作为起始进攻动作的战术被称为吊杀控制网前进攻战术。上述战术包括吊上网搓推、吊上网推、吊上网勾，以及吊杀等进攻策略。如图 5-56 至图 5-59 所示。若想采用这样的战术，必须满足以下条件：一是我方队员必须拥有出色的吊球或劈吊球技巧，二是对方上网技巧能力不够强，三是对方在后场进攻方面的实力非常出色。在这三种情况下，我方需要采取这种战术以避免对手发挥优势。

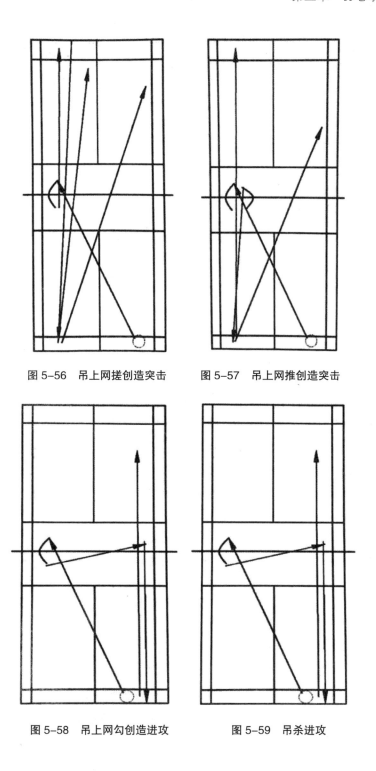

图 5-56　吊上网搓创造突击　　　图 5-57　吊上网推创造突击

图 5-58　吊上网勾创造进攻　　　图 5-59　吊杀进攻

第三，以杀劈开始组织进攻的战术。杀劈战术是典型的抢攻型队员使用的策略。如果想使用这种战术打法，就需要有出色的速度耐力，还需要掌握杀球、劈球及上网控制网前的技巧和步伐。这种战术非常具有攻击性，如图 5-60 所示。20 世纪 60 年代，方凯祥常使用这种战术，现在许多印尼选手喜欢使用这种技巧，以阿尔比为典型代表。他们会迅速地上网挥拍，通过搓球、推球、勾球或扑球掌控网前球，并随时准备利用第二次机会进行致命一击。只要有机会，使用这种战术的队员就会使用杀劈技术来攻击。

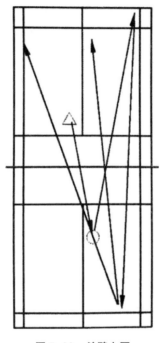

图 5-60　杀劈上网

第四，以控制网前球开始组织进攻战术。如果比赛中我方观察到对手习惯发网前球，那么我方若想控制局面就要先控制网前球，这就要求我方有迅速的上网步法和较强的搓球、推球、勾球和扑球能力，有了这两点才能有效地组织这一战术，如搓扑进攻战术（图 5-61）、推杀进攻战术（图 5-62）、勾扑进攻战术（图 5-63）、扑杀进攻战术（图 5-64）等。如图 5-65 所示，几个回合击球中，采用了 3 个网前的主动技术搓、推、勾来创造最后一击的扑杀机会。

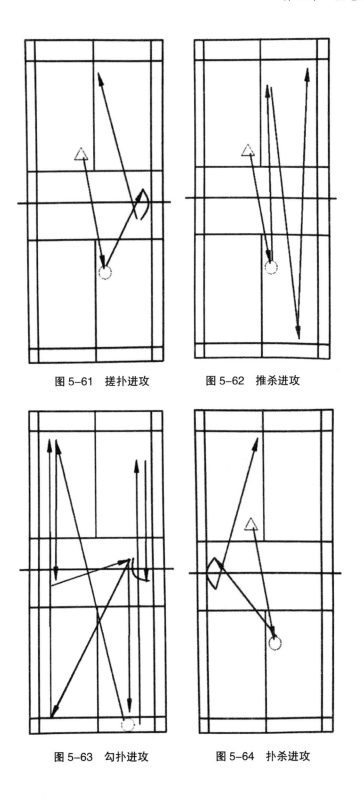

图 5-61 搓扑进攻　　　　图 5-62 推杀进攻

图 5-63 勾扑进攻　　　　图 5-64 扑杀进攻

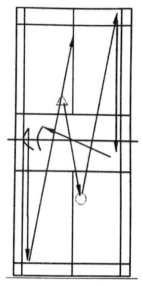

图 5-65　搓、推、勾进攻

　　第五，以路线和区域组成进攻战术的应变。一是在对角线上的攻击战术。不管使用哪种技术，都要以对角路线的方式来组织反攻。尤其是在对方转体较差或转体速度较慢的情况下，当其打出直线球的时候，我方用对角路线回球，就能获得较好的进攻效果（图 5-66）。当然，采用这样的打法也不能太过僵化死板，否则被对手摸清了套路就很容易吃亏。

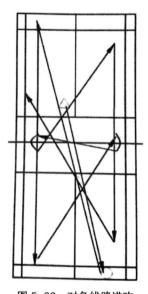

图 5-66　对角线路进攻

二是在三角路线上的进攻战术。在采用这种战术时，我方就要和对手采取相反的击球路线，当对手发出对角球时，我方就回击直线球，如果对手发出直线球，我方就回击对角球。这种"三角路线"战术能够让对手移动最远的距离而难以防守，我方只要对其回球路线加以准确把握，就能够达到较好的进攻效果（图5-67）。

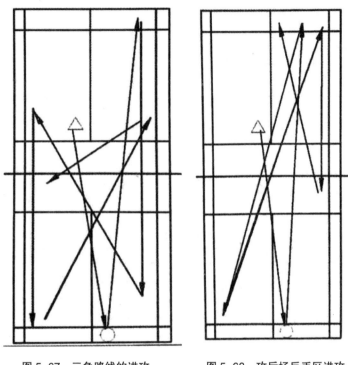

图 5-67　三角路线的进攻　　　图 5-68　攻后场反手区进攻

三是攻后场反手区进攻战术。当对手的侧身步法和反拍技术较差造成其回击头顶球之后位置被拉开、头顶区球路僵化时，我方就可以对其反手区的弱点进行进攻，这时采取攻后场反手区进攻战术没有太大的威胁，能够达到较好的进攻效果（图5-68）。

四是攻后场正手区进攻战术。此种战术适合用来应对正手侧身步法较差的对手，因其回击正手区球后位置被拉开造成后场正手区出现致命弱点，我方在正手区没有球路威胁，此时采用攻后场正手区进攻战术就能达到较好的进攻效果（图5-69）。

五是攻后场两边的进攻战术。当对手的进攻和防守能力，以及后退步法和后场手法均较差时，对手的后场两侧都会出现致命弱点，此时我方采用攻后场两边的进攻战术就能达到较好的进攻效果（图 5-70）。

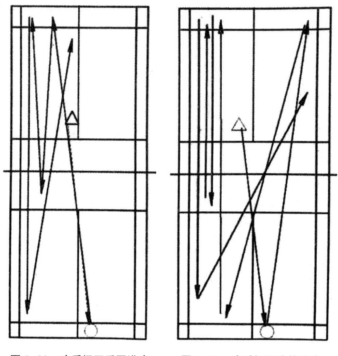

图 5-69　攻后场正手区进攻　　　图 5-70　攻后场两边的进攻

六是攻前场区进攻战术。如果对方前场区域比较薄弱，比如，上网速度慢、步法有缺陷、前场手法差，其从前场打出的球的球路和质量对我方没有太大的威胁，那么使用这一战术会有更好的效果。

上面所说的单打进攻战术，只是对每一项技术进行了简单的分解，实际上，在一场比赛中，只靠一种战术就能取得胜利的情况并不多，高水准的运动员都是通过多拍的控制和反控制，才能赢得进攻的主动权，直到发动致命的一击。因此，要将各种战术结合起来，利用对手的最大弱点，进行联合攻击，这样才能达到较好的效果，而且也不容易被对手迅速识破。如图 5-71 所示，开始的 1～2 拍是使用重复平高球攻击对方头顶区，造成对方被动，第 3 拍采用杀对角战术，4～5 拍采用重复推战术，使对方陷入更加被动的局面，第 6 拍采用对角杀劈得分。在控制中由于出球质量不好，或对方早已判断到我方击球的目的，对方就有可能由被控制变为反控制我方。因此，获得了主动权时，要综合考虑自身的技术水平、思维能力，以及对手的站位技术、战术选用和心理素质，选取灵活多变的战术和击球路线，将进攻主动权牢牢掌握在自己的手中，这样才能获得比赛的最终胜利。

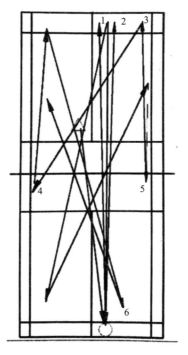

图 5-71　控制和反控制主动进攻

四、单打防守战术

要以"积极防守""守中反攻"为基本原则，不能"消极防守"。所以，要想实现"积极防守"和"守中反攻"，就必须在被动的防守状态下，不断地调整自己的策略，以化解对手的进攻，重新夺回失去的主动权。这要求我方有很强的防守能力（包抄技术、步法），比如，能够回击后场高远球的能力、反挡底线球的能力、勾对角球的能力，以及挡球和反抽能力，还要有较快的起动反应速度和准确到位的步法，这样才能较好地获得"守中反攻""积极防守"策略的最大效果。

（一）打两底线高远球的防守战术

发两底线平高球相当于进攻，而发两底线高远球则相当于防守。平高球和高远球所采用的情况不同，不能混为一谈。在防守的时候，我方只能发高远球，如果用平高球来进行防守，那么防守就会变得较困难。反过来说，也不能在进攻时发高远球。

（二）采用勾对角网前结合挡直线网前或半场球的防守战术

在防守时运用勾对角网前球技术能够产生较好的防守效果，如果再与挡直线相结合，则能提高我方防守策略的灵活性和多样性。当然，要想做到这一点，就要对对手的攻击落点进行正确的判断，作出正确的反应，并且要有灵活的手法，才能将挡直线和勾对角球相结合，实现"守中反攻"。

以上对羽毛球单打的进攻和防守战术进行了介绍，凡是谈及原则的应变方法，必须注意，战术、球路是千变万化的，不可能一成不变，应根据自己的具体情况、对手的情况，以及临场的具体情况采用更为切合实际的战术与球路，不能生搬硬套，最为关键的是能灵活运用。

第三节　双打战术

一、双打进攻战术

（一）发球战术

在羽毛球双打中，发球战术对场上局势有着十分重要的意义，发球质量直接影响着比赛的结果。因此，运用好发球战术，有利于控制整场局势，对获胜有重要意义。

1. 以我为主的发球战术

在组织发球战术时应该了解自身的发球优势和第三拍优点，不要被对手的接发球水平所干扰，要以自身实际情况和实际水平为主。

2. 根据对方站位、站法来决定发球战术

（1）一般站位法

一般站位法的特点是与中线及短发球线保持一个合适的距离，主要是追求稳妥，在前场采用推、搓、放半场战术，在后场则主要采取防守战术。在发球的时候，要注意发近网1、2号位，要在多个位置上进行配合，分散对手的注意力和精力，让对手无法打出更猛烈的球（除非我方的发球太高），此时的主动权就是由第三拍的回击质量决定的。

（2）抢攻站位法

抢攻站位法的特征是站在靠近发球线的位置，身体保持一个较大的倾斜角度，以抢攻为主，在处理接发球时主要采用扑球和跳杀技术。在发球的时候，要先弄清楚对方站位的目的，要看对手是要进行抢攻，还是因为害怕接发球失误而铤而走险，或者是想要以此来威胁和恐吓我方，只有在作出正确的判断之后才能用合适的发球手段来应对对手。发球时要注重发球质量，合理抢占时机，结合假动作，以打乱对手想要抢攻或冒险恐吓的思路。

（3）稳妥站位法

稳妥站位法的特点是站位离发球线较远，身体倾斜角度小。此时对手进攻意识较差，站位消极，我方在发球时主要应该发网前球，对手此时起动速度较慢，我方不能发高远球，此时发近网球对第三拍的反攻更有帮助。

（4）特殊站位法

通常情况下，人们的站位都是左脚在前面，右脚在后面，但是，特殊的站位法是在站立时右脚在前面，左脚在后面。通常情况下，人们都会用右脚跳击球，不管是上网还是后蹬，都会用一步蹬跳击球。在发球的时候，仍然要以自身情况为主选取发球战术，此时我方要尽快将对手站位的目的和采取战术的优缺点摸清，进而制定出行之有效的发球战术。

3.根据对方打法弱点制定的战术

（1）调动队形的发球战术

对方情况：甲后场进攻能力较强，网前封网一般。其队形安排为甲在后场，乙在前场。

发球战术：向甲发球时，多发前场区球；反之，向乙发球时多发后场区球。这样，开始就会把对方的队形调动为甲在前、乙在后，限制对方发挥其队形优势。

（2）避开特长、抓住弱点的发球战术

对方情况：在接发后场区 1 号区时扑球较好，接 2 号区一般，接 3 号区较差，接 4 号区一般。而在接发左场区 1 号区时较好，接 2 号区时较差，接 3 号区球路死板且失误多，接 4 号区攻击力差。

发球战术：根据对方上述的发球特点，我方就应该在右场区更多发 3 号区结合发 4 号区，而在左场区则应该更多发 2 号区和 3 号区，以避其长而攻其短。

4. 发球时间变化战术

在发球时要注意发球时间的快慢结合，让对手无法把握我方的发球时机。这种快慢结合的发球方式要依托娴熟的手法、动作与合理的手腕运用技巧。反之，即便能在时机上达到干扰对手进攻的效果，也会因为发球的质量较低而无法达到目的。

上面所述的关于发球的技术，如果脱离了基础技术，在战术上也是没有多大意义的。因为双打的后发球线要短于单打，所以当双打中发高远球时，接发球的一方可以用强扣来直接取得主动权，而且也不会有太多的顾虑。所以，采取靠近前发球处的站位会给发球方带来巨大的心理压力和技术压力。因此，发球的质量、线路的配合、弧线的创造以及落点的位置都是决定一场双打比赛成败的关键。甚至可以这样说，如果两个人的实力相差无几，那么这场比赛的胜负就是由发球的质量来决定的。

（二）发球站位

发球路线、球的飞行弧线、落点和第三拍的发球都受到发球时的站位影响。

1. 发球者紧靠前发球线和中线

这种站位比较靠前，我方反手发网前内角位球，由于球过网之后球托向下，对手很难进行扑击，因此第三拍封网也能变得更加容易。不过，采用这种站位也有缺点，因为站位靠前，所以发平快球不方便。因此，在发网前内角位球时一般配以发双打后发球线的外角位平高球。

2. 发球者站位离前发球线半米，靠中线

选用这种站位可以选择多种发球方式，正反手都行，发球路线有发网前球、平快球、平高球等，但是在这个站位上发出的球飞行时间较长，对手有充足的判断处理时间，如果我方抢网失败就会失去网前主动权。

3. 发球者站在离中线较远处

在左场区选用这种站位就要配合采用反手发平快球，在右场区选用就要以正手发平快球，结合发网前外角进攻对手的双打后发球线的内角位。这样的发球方式只能作为一种变换手段使用，当对手反应慢、攻击弱时才有一定的威胁效果，但是只要对手提前做好准备，这种发球方式就没有积极作用，甚至还会危害我方的场上形势。

（三）发球路线

发球路线和落点的选择需注意如下几点：

1.调动对方站位，破坏对方打法

如果对手甲和乙分别一后一前站立，那么我方在发球时可以阻挠对方调整站位，给甲发球时主要发网前球辅以后场球，给乙发球时主要发后场球辅以网前球，这样就可以破坏对手的打法。

2.避实就虚，抓住对方弱点发球抢攻

发球前先观察对手的站位，如果对手站在网前内角位，发球时就可以利用一致的网前和后场动作向对方的后场外角位发球，如果对手站位距离中线较远，可以在发球时向对方后场内角位发平快球，如果遇到接发球路线死板、不会变通的对手，可在发球后抢封突击。

（四）发球时心理的影响

在双打中，有时会发生发球失误，造成这一结果的主要原因有以下两个：一是发球技术本身的不足，二是受到了接发球员的影响。因为接球者站位靠前，扑、杀凶狠，而且命中率比较高，比赛正处于白热化阶段，接球者情绪紧张而导致手软，发球的质量就会受到影响。面对这样的局面，要保持冷静，注意观察接发球者的动向、揣摩对手的心理意图，以及接发球的路线与规律，保证发球的高质量，做好准备回击第三拍。此外，在发球时也要选择多样的发球路线，让对手找不到发球规律，真假虚实变换，这样心理压力会减小许多，发球质量也会因此更加稳定。

二、羽毛球双打接发球的战术

（一）接发内角位网前球

接发内角位网前球主要攻击对方的两边中场以及发球者的身体，采用的发球线路以网前搓、勾等为主。

（二）接发外角位网前球

如果不选用上述的落点，也可以平推对方底线两角，让对手跑到场地边角，通过扩大对手的防守距离来提高对手的防守难度。

（三）接发内角、外角位后场球

接发内角、外角位后场球主要攻击发球者的身体，主要发追身球，用发平高球至对方底线两角来弥补起动速度，一般发球者在发球之后会立刻后退，准备回击，这时接球者可将对方的对角作为发球落点发拦截吊球。

三、羽毛球双打第三拍回击的战术

第三拍不仅是双打的一项关键技术，同时也是一项重要的策略。第三拍与发球是密切相关的，只要我方的发球有很强的目的性，并且有很高的质量，我方的第三拍就可以持续地进行攻击。如果目标明确，但发球质量较差，而对手又按照预期的轨迹击球，此时第三拍就要考虑怎样进行反击。对于目标不明确、质量不高的发球，在第三拍上要想办法摆脱这种被动形势。所以，在第三拍中要想保住主动权、组织反击、摆脱被动，就必须掌握好发球技术。第三拍要有快速的起动反应，要有快速的动作和攻防意识，发球路线要灵活多变，让对手无法完全封锁，这样才能争取到更多的主动权。

第三拍回击的战术主要有以下几种：主动时，第三拍保持进攻的战术；一般情况下，第三拍进行反攻的战术；被动时，第三拍摆脱被动的战术。

第一，主动时，第三拍保持进攻的战术。当我方的发球质量能够保障时，第三拍也能取得主动权，这时我方就要把握好主动权，观察对手的习惯发球路线并在发球时由前场的发球者进行封锁，从两边压网进行进攻。

第二，一般情况下，第三拍进行反攻的战术。这里通常的情况是指对方接发过来的球对我方不会造成威胁，我方此时既不处于被动地位，也没有掌握主动权，如果第三拍质量较高就可以掌握主动权，如果第三拍处理不好就会陷入被动。所以，在这个时候发球要有一定的质量，要求做到高打、快打，要保证过网球的质量和发球路线的灵活多变，逼迫对方打出高球，从而使我方获得进攻的主动权。在这样的形势下，采取分边逼网的战术，大胆而迅速地从两侧跟上，与对手近身对战是赢得主动权的关键。所以，三拍和五拍的配合是一个很重要的过程。

第三，被动时，第三拍摆脱被动的战术。这个问题在第三拍中很常见，有两种情况。一是对方在接到发球后，会在两个边线上狠狠地压上一球。面对这种对手，我们需要快速的起动反应和强大的手腕爆发力，快速地将球挡开，或者将球拖到两边再发底线高球，在后场展开回击，避免在前半场被对方抓住机会，从而对我方造成致命的伤害。二是对手接到球后，在两个方向上打法都不凶猛，平抽快挡的技术也不突出。

四、羽毛球双打第四拍封网的分工战术

第四拍所讨论的就是两人如何分配封网跑位任务的问题，分工明确、严密，两人跑位配合默契，就有利于控制主动权，反之，就有可能陷入被动。

如对方发球至 1 号区时，我方从右场区回击中路或右后场区，这时前场接发者封网位置略偏左场区，后场同伴注意头顶后场高球和正手网前球。

如对方发球至 1 号区，我方从右场区回击直线半场球时，封网需封直线球。但如遇到对方第三拍习惯以勾对角线为主时，封网者应有意识地改变自己封直线的原则，改变为封对角，如有漏封，则后场同伴要迅速补上。如补得快还可获主动，补得慢就陷入被动，补不上则失误。

当对方从右场区发至 2、3、4 号区及从左场区发至 1、2、3、4 号区时的封网规律和以上基本相似。

通过以上分析，我们可以得出第四拍接发球方封网分工的一个普遍规律：一般是球到对方右场区，就封住自己的左场区；球到对方左场区，就封住自己的右场区，即封住对方的直线球路。而这一规律的特定条件是我方接发球时获得主动。如接发球尚未处于主动时还按此规律去执行，往往会在第三拍时被对方较好的反击破坏掉。当然，第三拍时对方的习惯球路是我方封网分工的依据。因此，接发球质量和路线配合优劣，都会直接影响到全场的主动与否。

如果接发球质量好，紧接着就是第四拍如何封得紧、封得快、封得狠，以便把进攻保持下去，即连得上。若第四拍意识和技术跟不上（即封不紧、封不快、封不狠），则会破坏已形成的进攻局面，甚至会陷入被动。因此，除了发球、接

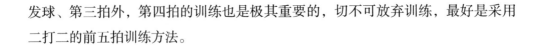

发球、第三拍外，第四拍的训练也是极其重要的，切不可放弃训练，最好是采用二打二的前五拍训练方法。

五、羽毛球双打五种常用战术

羽毛球的单打和双打在战术方面还是有差别的，前面给大家介绍了单打的各项战术，下面来给大家说说羽毛球双打过程中常用的几种战术。

（一）攻人

攻人在双打比赛中较常见，主要就是针对对手的身体。当应对两个水平相当或者水平相差较大的对手时可采用这样的打法。这种打法就是集中攻击对方其中一名队员，而在另一队友赶来支援的时候，其他地方就会出现破绽，此时趁着对方还没站稳的时候，就可趁机偷袭。

（二）攻中路

1. 守方左右站位时把球打在两人的中间

这种战术会导致防守方两个人抢接一球，或者同时让球，破坏对手之间的配合，还会对对手在接杀球时选择大角度高球来调动攻方进行限制，同时攻打对手的中路会使对方回击的角度变小，对攻方封网十分有利。

2. 守方前后站位时把球下压或轻推在边线半场处

这种战术通常运用于接发网前球之前和守中反击抢网时。前场队员没有拦截下来这种向下压的球，后场队员如果下手回击或上挑接球便会造成后场空缺，此时攻方就可趁机攻击守方的后场空位或守方队员的身体。

3. 攻后场

这种战术通常被用于应对后场扣杀能力较弱的对手，也可以在将对手中较弱的一方调到后场后再对其使用。这种战术的常见操作包括使用平高球、平推球以及挑底线等技巧，将对手逼到底线并限制其活动范围，这样，当对手在底线两角不停地来回移动回击时，可以借助其反击出的半场高球或网前高球进行强有力的扣杀，取得该球的得分或取得主动权。在将对手逼向底线两角时，如果对方的队友准备后撤支援，那么就可以选择攻击网前空位或者对着队友后退的方向打出追身球。

后场队员要积极运用强有力的扣杀创造机会，而前场队员则要通过扑、搓、勾、推等技巧来控制网前，打破对手接杀放网、挑高球或抽球反击的企图。还要通过拦截吊、点封住对方的前半场，从而使整个进攻过程更加连贯多变，让对手束手无策。

4. 防守

（1）调整站位

为了主动进攻，要找好防守的站位。如果要接网前挑高球，击球者应该往后直线退步，因为直线后退的路线较短，站位变换速度快，若对角后退，后退的路线比较长，且容易被对方的追身球攻击。队友应该根据另一成员的移动，填补其留下的空缺位置。在双打比赛中，队员们需要根据其搭档的移动来进行合理的站位调整，以便在防守时能够互相协作，填补空当。

（2）防守球路

①当对方的杀球者和负责封网的队员都站在半边场地的一条直线上时，我方作为防守方应当选择对方的另半边场地或后场为发球落点。

②当对方的杀球者和负责封网的队员分别位于前后对角上时，我方作为防守方可以将球回击至对方的网前或后场。

③当攻方杀球者杀出对角球后，可以利用另一名队员退到后场协助杀球者留下的空当攻击对方的网前中路。

④改变攻方杀球者杀出的球路来调动对方杀球者，对方杀来直线球就回击对角球，对方杀来对角球就回击直线球。

总体说来，众多的防守方法其实都是通过打乱对手进攻节奏或扰乱对手站位来破坏对手的进攻势头，利用对手在混乱中留下的空当进行攻击，转守为攻，获得进攻主动权。

六、根据对手情况制定的双打战术

（一）对一强一弱的配对

"强"就是技术、思想、心理、体能等主要因素均较好，反之是"弱"；或者有等级差别的选手，如有一名是运动健将或国家队队员，另一名是省队队员；

或者是同级别，但是在防守上一好一差。遇到这样的配对，必须坚决采用攻人战术，采取集中优势兵力二打一可取得较好的结果。

（二）对单打技术好，而双打技术和能力差的配对

遇到这样的配对，首先在发球、接发球上争取主动，战术上采用猛抽快打的方法，在前半场要采用并排对攻快打、硬推、硬压的战术。如仍占不了优势，也不能着急，要把球拉到底线，然后从防守中找机会，进行平抽两边封网再对攻。总之，要快、要硬、要狠，如果不这样的话，对方就可以发挥优势，对我方很不利。

（三）对一左一右的配合

和这种配对的对手比赛，一定要冷静沉着地分析这一左一右是如何站位的，从接发球就要分清谁在前、谁在后，要根据对手的站位来决定我方采用的战术路线。如果未弄清楚，可以采用打中路球攻中路的战术。

（四）对擅长采用半蹲防守的对手

遇到这种对手千万不要长杀，以免正中下怀，而应采用半杀战术与半杀左下方的战术与其周旋，伺机待发。

（五）对拉两边线较好的防守型配对

遇到这种配对，思想上要做好艰苦作战的准备。因为对方防守好，又以拉两边底线为主，来回次数必然较多。同时要有耐心，不要想一杀就得分，而且更要重视相互的配合，多采用杀吊结合的战术，不要盲目乱杀，以免消耗体力过多却收效甚微。应该稳扎稳打，遇到不利的情况要先吊后杀，吊一吊再杀，以保持体力，看准时机坚持到最后，这样胜利的希望就较大。

七、双打配合中的几个主要问题

（一）共同的目标是双打配合的思想基础

要增强为国争光的决心，明确大家都是为了一个共同的目标——攀登羽毛球技术高峰。有了这个思想基础，思想上的配合问题就能迎刃而解。因此，只有从根本上克服个人主义思想，提高对打球目的性的认识，树立好事业心，才可能解决好双打配合中的其他更细致、更复杂的问题。

（二）要做到互相信任

比赛中如果双方互相不信任，在球场上必然会表现失常。例如，发球队员对同伴第三拍的技术不放心，总担心他守不住，这样就会影响到自己的发球质量；同样，在后面的同伴对发球同伴不信任，怕他发球太高，导致自己处理不好第三拍，结果由于思想不集中或过度紧张，很容易造成第三拍失误。这都是由于互相不信任造成的。我们提倡在思想上互相信任，如发现同伴某一项技术或战术比较差，就应该帮助他迅速提高，帮助同伴提高的同时也提高了自己。而存在问题的一方也要考虑到如不迅速提高将会对配合产生不利影响，因此，应该更刻苦地训练，尽快掌握、改进技术和战术，以适应战术上的需要。

（三）要互相鼓励、互相补缺

有时候，同伴由于种种原因未发挥出应有的水平，这时就会出现以下两种情况：一种情况是热情鼓励，并努力来弥补同伴的弱点，使其能在鼓励和帮助之下转变情况而发挥得比较好；另一种情况是当同伴发挥不正常时，就埋怨，态度很生硬、很冷淡，总认为球打不好都是同伴的原因，这样不只是同伴改变不了情况，埋怨者本人也会因此而泄气，所以，往往是以埋怨开始而以泄气告终。因此，碰到这种情况是会输掉比赛的。

弥补同伴弱点的办法有以下两种：一是加强攻势，以减轻防守压力；二是在不得不防守时，尽量把球送到和同伴呈对角的落点上，以减少对方进攻同伴的机会和降低威胁，使同伴也能守得住，从而增加信心。若同伴的体力较差，又常被对方逼到底线，造成很大困难，这时体力较好的一方应主动要求同伴进攻对角线后上网，自己退后进行左右移动进攻，让同伴回到网前以调整和恢复体力。

以上类似的情况有时会在一场比赛中都出现，也可能出现某一种情况，这时若不能很好地处理，势必造成失败。因此，在碰到困难时要做到互相鼓励、互相弥补缺点，不埋怨、不泄气。

（四）在战术上要做到互相了解

在一场比赛中，两个人要配合得默契，除了以上三点之外，在战术上也应该互相了解，特别是对于前场封网者来说一定要了解后场同伴这时会打出什么路线的球，是扣杀还是吊球，是攻直线还是攻对角，打完球之后是能够左右移动还是不能，后场是否要网前的人去补，等等，都要在一瞬间作出准确的判断。如果这种判断正确的话，那么配合就算默契。总之，要两人的想法一致才能打好双打，才能解决好双打的配合问题。

第四节　混合双打战术

一、混合双打之发球战术

混合双打的发球技术需要较高的战术意识。发球的质量直接决定了后续比赛的主动与被动，以及得分和失误的比重。由于混双是由男女两名球员组成，因此对于发球的要求更加严苛。尽管在发球方面存在一些相似之处，但男双和女双之间也存在显著的差异。在混双比赛中，当一方的女队员发球给对方的女队员时，发球就比女双更容易，因为有一名男队员在后场准备接第三拍。然而，当接球的是对方的男队员时，发球就比女双难，女发球者需要消除恐惧情绪，因为男队员在上网接发和第四拍封网方面具有更强的能力，女队员发球的难度会大大增加。相反，如果是男队员发球，不能一味地上网封网，还必须考虑兼顾后场控制，因此，他们的站位会比男双球员更加靠后。这意味着球发出后飞行时间会较长，给接球者更多的时间来作出回击。简要概括来说，混双男队员比男双中的男队员发球更难，若没有接受过有针对性的发球训练，要达到优异表现是较困难的。

在混合双打的发球战术中，可以运用以下几种双打发球战术，例如，采用"以我为主"的发球战术，变换发球速度战术和发球路线配合战术，发球软硬结合、长短变换、球路变换等。

二、混合双打之接发球战术

（一）混双接发球战术与双打接发球战术的共同点

混双接发球采用的战术与双打接发球一致，都要综合考虑对手的发球质量水平和站位目的，遵循"以我为主"的接发球战术。

（二）混双接发球战术与双打接发球战术的不同之处

混双接发球时在球路选择上与双打接发球存在一定的差异，混双接发球中，男、女队员接发球都主要使用拨对角半场、直线半场球或勾放对角前场球，这主要是考虑到女队员相对较弱的情况而制定的战术，当对方发球较差时也可采用推、扑后场球。

当对手发出的球落点在右场区时，我方应在对方女队员发球之后与男队员分边防守时对对方的女队员那一侧的防守区进行集中攻击。如果对方是男队员发球，女队员只防守一角时，由于对方因站位呈前后分站而对边线防守空缺，我方应该向对方右前场发吊球攻击对方的两个边线。同样，如果对手在左场区发球，就换一边攻击。

混双比赛中男队员接发球时不能太凶，在接发球之后应该迅速退到后场，控制后场形势和底线区，女队员则负责控制前场。

当然在某些情况下，比如，当对方发球质量较差时，第三拍对我方后场不会造成威胁，这时男队员可以在接发球之后在前网进行封网。

三、混合双打之第三拍的回击战术

在混双比赛中，第三拍同样十分重要。如果处于被动地位，第三拍就要努力争取主动权；如果处于主动地位，那么第三拍就要牢牢抓住主动权积极进攻；如果既没有处于被动地位又没有主动权，就要积极反攻。这三种混双战术和双打中的战术具有同等重要的战术意义。

（一）被动时，如何摆脱被动的战术

在处于被动状态时，有两种不同的应对方式。当对方接发球后，双方的站位都靠近网前。例如，男队员接发后站位前移，女队员回击取得主动权后男队员也

向前，这样的情况下，男女队员都很难进行有效的攻击。因此，为了转换进攻机会，最好的方法是把球挑到后场底线，稍加过渡，让对方从底线攻击，我方再开始反攻。在这个时候，必须避免出现挑球高度不够的情况，否则可能无法将球打到底线，进而被对手拦击，导致被动的状态。当对手控制网前较紧时，需要想尽办法将球先打到底线，并运用守中反攻战术。如果对方男队员为了控制后场急忙回位，导致网前出现空缺时，我们可以迅速发起进攻，将对方从主动转化为被动。在这种情况下，我方必须具备高水平的反击实力，否则无法改变处于被动局面的情况。

要在被动状态下保持冷静，分析对手的弱点，并将球攻向对方的弱点位置或区域。当然，这也包括对方在技术方面的不足之处。如果我方女队员缺乏防守能力，就难以抵挡对方的攻击，那么形势会更加严峻。

（二）主动时，第三拍保持进攻的战术

如果我方的发球质量较高，那么就产生了两种可能性。如果女队员发球，她可以直接封锁前场区域。因为她的发球技巧出色，可以迫使对方返回高球，所以只要封锁住前半场，对我方就会非常有利。当女队员在左侧封网时，男队员需要负责右侧前场的防守工作；当女队员挡住右边时，男队员需要承担左边网前的防守。也可以这样说，女队员的主要策略是封阻对方直线球，如果能够察觉到对方打对角网前，特别是还在对方技术不太娴熟、出球质量较差的情况下，女队员可以直接封网。通常情况下，女队员在封锁对方的直线球路时可以获得最佳效果。男队员发球时，女队员需要负责封网。但由于女队员的站位对从左边发球还是右边发球的防守区有很大影响，因此在从右场发球时，女队员要站在左前场区域。这时，当男队员发球到 1 号或 2 号位时，女队员就全神贯注地封住左前场和中路的网前区域。如果对手攻击右前场区的薄弱区，那么就需要男队员前去防守。当从左场区发球时，情况有所不同，因为女队员站在靠近中线的位置，所以当发球到 1 号区时，她可以完全负责整个前场区域的封锁，在 2 号区进攻时，女队员要特别留意右边线的防守。显然，针对不同的配对组合，需要采用相应的站位和发球策略，以便优化封网分工，我方可以根据自身特点来进行调整。

（三）在一般情况下，第三拍进行反攻的战术

面对对方回球时，有时候我方会处于一种既不处于被动地位也没有主动权的情形。如果我方能够妥善处理的话，就能够掌握主动地位；如果处理不当，就有可能陷入被动局面。因此，掌握出手和球路技巧变得至关重要。考虑对方的接发球站位和分工，思考自己应该打出什么样的球路，以此来占据主动地位。在获得主动权之后，不要向对方男队员发出太远的球。

四、混合双打之第四拍封网战术

第四拍的战术主要是讨论两个选手如何分配封网任务。第四拍的接发球可以遵从一个基本准则，如果对方的球落点位于 1、2 号区，女队员在力所能及的情况下进行回击并封锁该区域来自对方的直线球路，男队员此时就负责控制其他区域，如果对方的球落点位于 3、4 号区，女队员就专心封锁直线前场区，男队员负责对其他三个方向的球进行防守。如果女队员无法对打来的球进行回击，就要由男队员对整个前场和后场半个区进行防守，女队员这时就在后场另一半边过渡防守。

然而，在 1、2 区接发球时，如果女队员能够主动反击，则应该由女队员将对手的直线球路封锁住。女队员除了要控制网前球外，还要与男队员错开一定的距离，防止对手反抽对角平球，为封住对手的对角平球，我方的男队员和女队员应该分别站立在对角位置，这也是混双和男双的区别。尤其是在中场进行抽球、推球时，女队员是否能够封死对角平球十分关键，男队员则负责防守其他中后场区的球。如果女队员此时不能反击，那情况就更复杂了，因为男队员已经被调动到了前场，后半场的底线处就有了空缺，如果此时对方进攻这个缺口，女队员就可以扮演男队员的角色进攻一两拍。在第 3、4 区接发球时，若女队员能主动回球，则女队员除了要负责前半区外，还要负责封住对手抽的对角平球，以便让男队员获取主动权。如果此时女队员不能反击，那就只能根据男队员的回动位置是否方便来选择战术，因为没有任何规则，所以情况较复杂。

五、混合双打之攻女队员战术

混合双打之攻女队员战术是混双战术中的一条重要战术,当对方取得进攻主动权时,我方就要采用攻女队员战术。

(一)获主动进攻时运用攻女队员的战术

如果在比赛过程中我方已经获得了主动进攻权,对手也已经形成了一男一女两边防守的阵型,我们就要利用这个时机,采取攻女队员的战术,比如,攻击女队员的右肩、杀吊女队员的结合战术、杀女队员小交叉的战术、杀中路至女队员一边的战术等。总而言之,要注重使用攻女队员的策略。当然,这种战术也是建立在女队员的防守不如男队员的前提下的。

(二)两边中场控球时,运用攻女队员的战术

中场控球是指在比赛中,我方对于对方的回击球处于控制形势,既不主动进攻也不被动防守,在这时该怎样采用攻女队员战术呢?在控球阶段,我方需要确保不把球传到对方男队员的手中,而是把球传到女队员的防守区域,这样我方才能够掌握主动权。

当我方的女队员在1号区域发球,对方女队员接发了推半场球,而我方的男队员正在掌控局势。在这个情况下,我们需要考虑对手女队员的位置和封网特点。如果她的直线封网意识不够好,且她的位置距离中线较近,那么可以选择让女队员回击直线半场球。球的落点会让女队员奔跑回击,此时女队员由于距离中线较远而无法回击,因此就有可能击出高球,这会使我们更容易主动进攻。如果对方女队员在场地的侧边位置准备封住我方的半场直线,那么我方可以选择回击对角网前,迫使对方不得不击发高球应对。这样做能使对方处于被动局面。例如,当对方接发放网时,我方有两种反击球路可选择,但必须牢记,我方战术是以攻女队员为主的。因此,我方需要将球传到女队员的防守区,让她去接球,不要用太大的力量,以免球打到中场需要男队员处理。接着,我方女队员站在网前拦住对方的进攻,迫使对方女队员只能打出高球。这样就算是成功实施战术了。如果我方被对方的女队员封锁,则会处于劣势。

在处理这类球的时候,应该注意使用技巧打法而非强攻,特别需要留意对方

女队员的阻挡动向。最重要的是确保回击球的质量，这包括以下两点：首先，球要出其不意，避免被对方女队员防守；其次，球的过网弧度要尽量平稳，提高命中率并避免被对方女队员拦截。这样可以更好地控制比赛形势，争取迫使对方回传高球的机会。

（三）接发球时，运用攻女队员的战术

当我方接发球时，主要就是要将球通过放网、放对角网前、轻推直线半场或轻拨对角网前等方式回击到前场。这时我方就可以采用攻女队员的战术，引导对方女队员跑动回击。只要我方攻击质量较好，就能取得进攻主动权。

如果我们遇到的男队员实力较强，女队员相对实力较差，这种战术会非常有效。相反，如果男队员的技术较普通，尤其是后场进攻技术较普通，而女队员的网前防守技术较好，我们就没有必要坚持使用这个战术了。比如，女队员有较强的封网意识，而男队员在后场的攻击并没有给我方造成太大的威胁时，我方就应该向后场区过渡，等待机会进行反击。

第六章　体能和心理训练方法

羽毛球运动员的体能主要包括基础身体素质和专项身体素质两个方面。专项身体素质的提升是建立在基础身体素质之上的，而运动成绩的提高则是依赖于专项身体素质的提高。羽毛球运动所需的专门力量、速度、耐力、灵敏和柔韧等素质，被统称为专项身体素质。其中，力量是基本要素，速度是核心要素。

第一节　体能在羽毛球运动中的作用与意义

一、体能是选手承担激烈训练与比赛的基础

由于羽毛球运动要求灵活迅速的反应、激烈的对抗和多变的战术选择，因此选手必须具备出色的身体素质，才能承受训练和比赛的高强度压力。因为各种运动项目具有不同的特点和要求，所以对运动员的体能也有不同的要求。羽毛球是一项快速、剧烈的运动，选手需要占据大片场地并承受高强度的训练和比赛负荷。单打场地的长度为 13.4 米，宽度为 5.18 米，从后场到前场的距离超过了 6 米，从左边线到右边线的距离超过了 5 米，因此，一名选手就要控制超过 30 平方米的区域。在一场高水平羽毛球比赛中，选手需要进行各种高强度的运动，包括攻守转换、控制与反控制对抗，以及频繁的急停、快速起动、迅速移动、跨跳等动作，总次数高达千余次。选手的运动成绩受到多种素质因素的影响，如运动速度、力量大小、耐力和灵敏程度等。比赛中，参与者需要进行长时间高强度的、快速的多种运动，因此，要有非常高的体能素质。

体力一直以来都是影响羽毛球选手在比赛中发挥临场技巧和战术水平的重要因素。比赛一开始，如果选手身体状态良好，通常就能够稳定地保持速度，正常运用技巧和战术。随着运动负荷的加强，选手会消耗更多的体力，尤其在比赛的

关键时刻。由于体力不足，他们通常会表现出技术动作变形、失误增加、速度减缓和被对手限制等现象，这些因素也会导致比赛的失败。在羽毛球比赛中体力问题普遍存在着，因此，必须进行体能素质训练，这是所有训练的必要基础。

二、体能是提高运动技战术水平的基础

在进行竞技活动时，良好的体能是提高、发挥和保持竞技能力的基础。选手在比赛中展现出的羽毛球技术和战术水平会受到体能的巨大影响，良好的体能有助于选手掌握复杂、先进的技术和战术。如果只拥有一定的技术和战术水平而身体素质较差，那么发挥技术和战术的能力也会受到限制。实践经验表明，技术与战术水平和专项身体素质水平之间存在着正相关关系。那些技术和战术水平较高的运动员通常也拥有较高的专项身体素质能力，专项身体素质能力的增强有助于提高技术和战术水平。反之，若缺乏协调性、灵活性、肌肉力量和爆发力，反应速度也较慢，选手就难以精通更为高超、先进的技术和战术。

三、体能对防范运动损伤与延长运动寿命的积极作用和意义

羽毛球运动的特征导致选手在训练和比赛中面临着巨大的运动负荷，通常情况下，高负荷会导致身体疲劳，甚至使身体薄弱部位受到损伤，这将影响一个运动员的运动寿命。进行充分的体能锻炼，能够提高身体素质，提高抗疲劳能力，从而预防和减少运动损伤的发生。

选手通过训练可以提升体能水平，这是通过改变机体形态和提高身体机能来实现的。在训练过程中，选手承受的运动负荷越大，身体结构改变得就越明显，身体突破极限的程度也就越大。选手的身体素质愈佳，其运动机能水平相对就愈高，同时也能维持更久的专项技战术运动能力。另外，提高抗疲劳水平也有助于预防和减少因运动引起的损伤。

四、体能训练过程是培养选手顽强意志力的重要途径

进行体能训练需要不断挑战自己的极限，这个过程非常艰苦。在进行高强度的训练时，需要付出巨大的毅力来克服身体的惰性，承受极限运动带来的考验。

此外，与其他类型的训练相比，身体训练通常缺乏趣味性和多样性，运动员往往对此有所抵触。体能训练代表了一种可用于加强与锤炼选手意志力的重要手段，通过严格的训练，选手多方面的运动素质会得到一定程度上的提升，同时还可养成选手在训练和比赛场上无惧辛劳、不畏疲倦、勇毅不屈、坚韧不拔、迎难而上等意志品质。

五、良好的体能是选手树立胜利信心的重要保证

随着训练方法和手段的不断改进和完善，选手的体能水平全面提高并且技术战术也越来越成熟，这使得比赛的对抗速度越来越快，其结果是现代羽毛球运动的竞技水平越来越高，顶尖选手的技术和战术非常出色，几乎没有明显的短板。现在的比赛变得更加激烈了，不再存在仅仅靠一两拍就能够轻易地突破对手防线的情况。每一个得分机会都需要付出非常艰苦的努力。如果选手的体能较弱，失去与对手拼搏的信念，那一旦体能耗尽，就会导致比赛的失败。只要训练有素且身体素质水平较高，选手就能有足够的耐心和能力与对手竞争到最后。

第二节　羽毛球运动发展趋势对体能的影响与要求

羽毛球运动的一系列发展可以体现出当今社会人类体能机制、科学技术与社会的发展和变化。

一、身体条件与体质的发展变化对体能的影响与要求

随着生活水平的不断提高，人们的身体条件和基础体质比过去普遍明显增强。我们从羽毛球选手的身高数据中能看出这一变化：女子选手的平均身高由20世纪的1.65米提高至1.72米，男子选手的平均身高也由过去的1.75米提高至1.85米。基础身体条件和体质的变化使选手在身高、速度、力量、耐力等方面均有长足的进步。由于训练水平提高，从而使运动员承受训练强度的能力得到发展，因此现代羽毛球运动的对抗强度也得到了提升。

二、运动器械与场地设施的发展变化对体能的影响与要求

20 世纪七八十年代的大众羽毛球比赛，多在室外的水泥地上进行，只有全国性的专业比赛，才有条件在室内体育馆的木地板上进行。由于地面硬且滑，加上运动球鞋鞋底薄，没有防滑措施，选手在场上快速奔跑移动中经常无法"刹住车"，使移动速度减慢，因此影响选手技术水平的发挥。当今，科学技术和经济发展带动运动器材和场地设施也迅速改善。在高档羽毛球场馆里，木质地板已被塑胶（即在木地板上面再铺垫上一层特殊 PVC 材料制成的塑胶）取代，这种场地面料的革新，不但增加了场地的柔软性和弹性，而且由于摩擦力加大，使得场地滑的状况得以改善，加上运动鞋由单纯橡胶材质薄底改为牛筋材质的强力底，弹力增强，选手在先进的运动设施和器材的帮助下，不但技术动作发挥流畅自如，而且速度加快、弹跳力增强、竞争回合增多、对抗加强，从而提高了竞技水平。反过来，这一系列的发展与变化，对选手体能素质也相应地提出了更高的要求。因为塑胶地面需要更大的力来克服摩擦，同样需要选手借用更大的力来获得反弹力，因此，这项运动对体能的要求不断提高。

三、科学技术手段与科学化训练的发展变化对体能的影响与要求

科学技术的进步，为竞技训练提供了坚实的保障。训练科学化程度的提高和训练手段的更新，促使选手在训练中不断地挖掘运动潜力，以满足竞技运动水平不断提高的需要。如今，科研工作者广泛介入训练实践，在体育运动中借助先进的电子设备，帮助选手分析复杂的技战术，从而提高运动技能。与此同时，广大教练员和运动员的科学文化水平大大提高，特别是教练员拥有大专以上学历的比例较以往大幅度提高。文化素质的提高，使运动者整体综合素质较以往有很大的提高。加上科研手段的介入，设备和仪器的不断发展，训练方法也不断地获得更新和发展，对运动竞技训练的发展与提高起到了很大的促进作用。在科学技术手段的监控下，训练方法更加符合人体结构特点，训练负荷更加讲究科学性，训练效率高，选手的潜能被不断挖掘，竞技水平不断提高，运动寿命也得以延长。

第三节　体能训练的基本原则

一、科学性原则

科学训练对培养选手至关重要。训练方法科学，运动竞技能力就能迅速提高，成才率就高；训练缺乏科学性，运动竞技能力便会提高缓慢，成才率就低。科学地安排体能训练，至少要处理好两个方面的关系。

一是身体与体能发展敏感期的关系。掌握和遵循体能发展敏感期规律是体能训练取得良好效果的重要保证。力量、速度、耐力、灵敏和协调等体能都有其发展的敏感时期，训练内容要围绕各种素质发展的最佳时期有目的、有重点地安排。例如，少年儿童的体能训练，重点是发展柔韧性、协调性、灵敏性和速度素质，应避免大力量和高强度的耐力素质训练，青年时期的体能训练，可重点发展力量和耐力。根据身体训练和体能发展敏感期规律，科学地选择训练方法、训练手段，有针对性地为不同选手安排不同时期和不同训练层次的体能训练，使训练更具科学性、逻辑性、针对性和实用性，有利于达到良好的训练效果。

二是身体训练与负荷的关系。科学合理地安排运动负荷是提高运动水平的重要因素。运动负荷是指人体在训练和比赛中所承受的生理负荷量，由运动强度、时间和次数等元素组成，并受动作质量的影响。运动中动作质量好，负荷就大；动作质量差，负荷就小。负荷大的训练，机体反应强烈，"刺激痕迹"更明显，人体机能水平提高更显著。

根据人体能提高呈波浪形上升的运动规律，体能训练中的运动负荷量应循序渐进地加大，经过一段时间的巩固，待身体适应了这种负荷后再逐步加大。具体负荷量的安排应按大、中、小合理交替安排。衡量负荷量的适宜标准是身体在一定的疲劳情况下，仍然处于适度的兴奋状态，从而不断提高和扩大竞技能力。在一般训练期，体能训练采用数量多、密度小的形式进行；在比赛前期，则采用练习时间短、数量少、密度大的形式。

二、长期性原则

羽毛球选手体能的训练和培养是一个长期的系统过程。可以这样说，只要有训练，就一定有体能的训练。优异的运动成绩是选手多年从事不间断的、长期的系统训练，随着体能的提高和技术动作的完善而获得的。如果违背这一原则，就很难获得高竞技水平。因此，从基础体能训练开始，就应有长期的、全面的、系统的、不间断的、循序渐进的训练思想。在这一训练思想的指导下，在练习初始阶段，选手体能基础较弱，机体承受能力较差，体能训练必须由浅入深、由易到难、由简到繁地进行，训练负荷量也应由小到大、由轻到重地合理安排，高级训练阶段，经过多年的严格训练，选手的机体已产生适应性的变化，能承受专门化训练，这时候就可以大力加强专项身体素质能力的培养训练，进入尖端训练阶段，随着选手训练年限的增长，应注意加强保护性的体能训练内容。

三、因人而异原则

因人而异原则是指在体能训练中依据每位选手的具体情况来确定训练任务，选择训练内容。合理运用因人而异原则，对提高教学训练质量有着重要意义。无论是在一个班、一个队，还是在一个群体里，每位选手都具有不同的特点，如年龄、个性、特长、训练水平、原始身体条件和成长环境等，教学训练的任务、要求、内容、负荷量和训练方法、手段的选择，应注意针对选手的不同特点，遵循因人而异的教学训练原则，加以区别对待。随着训练年限的增加、训练客观因素的变化，教学训练的任务、要求、内容、负荷量和训练方法手段等也要注意应相应地调整和改变。训练指导者要充分了解、分析并研究选手的个体差异，制订训练计划时既要考虑到整体的统一要求，又要考虑到个人的不同特点和不同要求，做到因材施教，区别对待。这样拟定的训练任务和指标、安排的训练内容和方法才会更加切合实际，才能达到更好的教学训练效果。

四、全面性与专门性相结合原则

全面性身体素质训练是指运用各种身体练习的方法和手段，使选手身体各器官的机能得到普遍提高，身体形态得到全面改善，体能得到全面发展，为日后提高羽毛球专项运动技能打下坚实的基础。专项体能训练是指体能训练采用与羽毛球运动特点及技术动作相同的动作方式，辅以专门的辅助练习，从而发展羽毛球运动所需的专项体能。

训练中，科学地安排一般和专项体能训练时要视选手的实际状况、年龄大小以及训练水平的高低而定。人体各器官、各系统的活动是相互联系、相互协调配合的，当各器官、系统机能都相应地得到提高时，有机体的工作能力和承受负荷能力才能得到全面提高。然而，当技术水平提高到一定的程度时，通常，其他素质又会出现相应的不足，或是机体内各器官再次出现不协调，从而使技术水平出现暂时的停滞现象。这时，专项体能训练应在全面体能训练的基础上将二者紧密结合，通过加强专项身体素质的训练，再次加大负荷刺激，打破机体旧的平衡状况，建立新的平衡体系，促使运动技术水平达到新的高度。

选手的训练时限和训练水平不同，全面与专项身体素质训练的内容和比例也应有所不同。在训练的初级阶段，选手还没有接受正规、严格的训练，体能较薄弱，应重视全面体能的发展，为将来的提高打好基础。如果在这一阶段的教学训练中过分地强调专项身体素质能力的训练与提高，则会使选手局部肌肉负荷过重，出现疲劳，导致损伤。原则上讲，训练水平较低、年龄较小的选手，全面体能训练应多一些，以发展全面体能为主，发展专项身体素质为辅，重点是全面打好身体素质基础；对于训练程度高、年龄相对较大的选手，专项身体素质训练的比例应相对大一些，同时全面身体训练也不可停止或忽略。

第四节　力量素质训练的内容与方法

一、基础力量素质训练的内容与方法

（一）上肢基础力量训练

1.上肢 6 项哑铃操练习

用哑铃进行上肢力量训练是初学者发展力量素质的一种有效方法。根据不同的年龄，使用不同重量的哑铃，选择不同的练习负荷。重量大，负荷次数少，完成动作速度稍慢；重量小，负荷练习次数可以增加，完成动作速度相对加快。哑铃的重量通常有 3 公斤、5 公斤、7 公斤、10 公斤不等，负荷次数可以安排 10×3 组、15×3 组、20×3 组和 30×3 组不等。

第一，哑铃头上推举。

第二，哑铃胸前推举。

第三，哑铃体侧平举。

第四，哑铃体前平举。

第五，哑铃扩胸。

第六，哑铃体侧提收。

上肢哑铃操可采用两种负荷方法完成训练：一种负荷是采用重量较大的哑铃，以上 6 项练习内容各做一组，连续完成全部 6 项内容为一组，每大组间歇 2～3 分钟，共练习 3～6 组；另外一种负荷是选用重量较小的哑铃，6 项练习内容各做 3 组，每小组间休息定时间，逐步完成 6 项内容。

2. 上肢静力性练习

运用重量小的哑铃，做静止力量练习，目的是发展各大肌肉群的绝对力量。

第一，哑铃体侧静力平举。

第二，哑铃体前静力平举。

第三，手腕静力对抗。

第四，肩臂静力支撑。

静力性练习时间可视个人具体情况采用 30 秒、1 分钟或数分钟等不同时间。

3. 上肢 15～20 公斤杠铃练习

利用杠铃发展上下肢动作协调能力和爆发力量。

第一，体前抓举。

第二，前臂体前屈伸。

第三，前后分腿跳挺举。

4. 卧推举练习、仰卧撑练习、俯卧撑练习

第一，垫上或凳上卧推举练习。

第二，背负重物仰卧撑练习。

第三，背负重物俯卧撑练习。

5. 杠上练习

第一，单杠引体向上。

第二，双杠直臂静力支撑。

第三，双杠屈臂撑。

（二）下肢基础力量训练

1. 跳跃练习

初学者发展下肢力量，一般采用各种姿势的跳跃练习方法。如果要增加负荷，则采用沙衣或沙袋。

（1）蹲走

全蹲，用前脚掌向前或向后行走。尽量保持一定的速度，手臂前后摆动协调用力。发展大腿的肌肉力量。负荷量因人而异，自行掌握。

（2）全蹲向上跳

站立，向下全蹲，再全力向上跳起，落地后再次下蹲，再次跳起，持续练习20次左右为一组，短暂休息后再练习3～5组。锻炼大小踝关节的爆发力。

（3）收腹跳

站立，向上跳起，在空中屈膝收腹，使大腿尽量贴近胸口，双脚落地后再跳起。20次左右为一组，做3～5组。发展腿部力量，锻炼身体在空中的平衡能力。

（4）纵跳摸高

设一定高度的目标（以练习者全力跳起能触到为宜），站立，全力持续地跳起触摸目标物。发展腿部的爆发力，尽可能地高跳，并保持一定的频率。每组20～30次，做3～5组。发展起跳扣杀的能力。

（5）单腿蹬跳高凳或台阶

借助一定高度的凳子或台阶，站立，先以一只脚踩住凳子或台阶做蹬起动作，再换另一只脚做。练习次数因人而异。发展腿部和踝关节力量。

（6）双脚跳越障碍物

设置有一定难度的障碍物（如羽毛球筒），并使之固定、放稳，按要求做跳越练习，可发展腿部力量和锻炼身体协调性及灵敏性。

2. 下肢杠铃负重练习

利用杠铃发展下肢肌肉的绝对力量和爆发力。负一定重量的杠铃，围绕一些专项动作进行练习，发展下肢肌肉力量和爆发力。下肢的负重因人而异，一般为10～15公斤，不宜太重。练习时要保持一定的速度和频率，每组20次左右，持续3～5组。

（1）半蹲起跳

负重杠铃半蹲，足跟提起，利用踝关节力量持续向上蹬跳。发展脚弓的爆发力。

（2）全蹲起

全蹲起比半蹲起跳的动作幅度大，负重杠铃全蹲，以大、小腿和踝关节的力量持续向上蹬跳，并尽量保持直立姿势。

（3）提踵

负重杠铃站立，以踝关节和小腿力量持续向上提踵，主要锻炼小腿和踝关节爆发力。

（4）静力半蹲

负重半蹲，上体正直，屈膝并控制在接近90°，持续一定的时间，发展大腿肌肉，提高膝关节的承受能力。

（5）弓箭步跨步

负重杠铃站立，上体正直，向规定的方向做弓箭步跨步。可以左右腿分开练习，也可以左右腿交叉跨步练习。发展羽毛球运动需要腿部专项力量。

（6）双脚或单脚前后左右蹬跳

负重杠铃站立，双脚成单脚向前后左右做1米蹬跳练。屈膝蹬地时，由前脚掌发力，并保持一定的动作频率。

3. 力量练习游戏

运用游戏的形式进行力量练习，以增加趣味性。

（1）推"车子"

俯卧撑地，两腿当作车子的扶把由同伴抬起，练习者以两手支撑身体向前爬行。

（2）爬走

俯卧，除手脚着地外，身体的其余部分不许触地，向前快速爬行。

（3）大象走

模仿大象四肢着地的动作，先以同侧手脚同时迈第一步，再换异侧手脚同时迈第二步，以此方法进行练习，练习时要抬头、挺胸、直腰。

4. 发展局部肌肉练习

设计一些针对性较强的动作，以发展局部小肌肉群的力量。

（1）发展股二头肌力量

直立或俯卧，双手扶持一固定物，脚踝负重。单膝后屈呈 90°，反复练习一定次数，再换另一条腿做，持续练习。俯卧练习时，也可双脚踝负重做。

（2）发展股四头肌力量

坐在凳子上，脚背负重，双腿或单腿由弯曲到抬起伸直，反复持续练习一定的次数。

（3）发展大腿的内、外侧和腰部肌肉的力量

直立，两手叉腰，脚背绑上沙袋，大腿带动小腿做向前或向后快速摆腿练习。

（三）躯干基础力量训练

1. 杠铃负重练习

背肌练习。仰卧或俯卧在两把凳子上，身体中部悬空，把重量为 2.5～5 公斤的物体放在身体的悬空部位，并保持此姿势，静力支撑数分钟，发展躯干、腰腹、背肌的力量。

2. 箱上或垫上练习

（1）俯卧起

俯卧在肋木上的横跳箱或垫子上，脚后跟钩住肋木，颈背部放沙袋等重物做屈体后仰练习，发展背部肌肉力量。

（2）仰卧起坐

仰卧在横跳箱或垫子上，脚踝勾住肋木，手持重物或是徒手做仰卧起坐练习。

（3）侧卧起

侧卧在横跳箱或垫子上，脚踝勾住肋木，手持重物或是徒手做侧卧起练习。

二、专项力量素质训练的内容与方法

选手在具有一定绝对力量的基础上，要根据羽毛球运动特点对力量素质的要求，进行专项力量素质训练，并应以发展速度力量和耐力力量素质为主，以保证在长时间的比赛中能够完成各种技术动作。在进行专项力量素质训练时，可采用

减重量加次数的练习方法着重进行一些负荷强度小、速度快、重复次数多的速度力量和耐力力量训练，由基础性大力量训练转为逐步加强专项所需的小负荷的爆发速度力量和耐久性力量训练。

专项力量素质的训练应以动力性练习为主，训练中注意掌握好练习密度和重量的关系。负荷重量大，单位时间内练习次数少，速度频率慢，休息时间间隔短；负荷重量小，单位时间内练习次数多，速度频率快，练习强度大，休息时间间隔长。例如，练习重点是以发展爆发速度力量为主，则要求选手练习总次数不可太多，在单位时间内动作速度要快，一旦出现单位时间内速度下降的情况，应立刻停止或转换其他内容的练习；再如，练习重点是以发展耐力力量为主，则要求选手尽力保持一定的动作速度，坚持一定的重复数量。另外，在进行专项力量素质练习时，还应该适当穿插一些跑跳、灵敏性、柔韧性和协调性的训练，以保证达到最佳的专项力量素质训练效果。

（一）上肢专项力量训练

1.6 项哑铃操练习

第一，哑铃前臂头后举。

第二，哑铃两臂上下"8"字绕肩。

第三，哑铃前臂屈仰。

第四，哑铃手腕屈伸。

第五，哑铃体前手腕绕"8"字。

第六，哑铃体前臂挥动"8"字。

以上每个动作练一小组，6 个动作依次完成为一大组，每次练习 4～6 大组或视个人实际情况而定。

2. 拉皮筋练习

将粗橡皮筋的一头拴牢在固定物上，另一头用持拍手以握拍的方式握住，以与羽毛球各种击球技术相似的动作进行拉皮筋练习。

第一，将上前臂屈伸（类似高远球击球动作）。

第二，体侧肩上前臂前后摆动（类似封网击球动作）。

第三，体前前臂屈伸（类似挑球动作）。

第四，体前上臂展屈（类似杀球下压动作）。

第五，手腕屈伸（类似击球发力动作）。

第六，正、反手前臂快速挥摆（类似中场抽击球动作）。

第七，反手挥臂（类似反手击高远球和杀球）。

3. 沙瓶或网球拍挥拍练习

用装满沙子的饮料瓶或网球拍，交替做以下与击球动作相似的练习，发展上肢击球力量。注意握持方式应与实战击球握拍方式相同。

（1）手腕屈伸

持拍手持握沙瓶或网球拍，直臂举至肩上方，前臂和手肘均不移动，仅以手腕快速做前后屈伸练习。注意：练习时，如果肘部弯曲或移动，则效果不佳。

（2）前臂屈伸

持拍手持握沙瓶或网球拍，屈臂举至肩上方，上臂固定不动，以肘为轴心，靠前臂、手腕前后快速屈伸练习。注意：当手臂伸至肩上方最高点时，手腕要配合做内旋的击球动作。

（3）后场击高球或杀球动作挥拍

持拍手持握沙瓶或网球拍做高球或杀球击球动作的挥拍练习。这项练习可做原地击球挥拍动作练习，也可以结合后场转体起跳击球做挥拍动作的练习，要求有一定数量并保持一定的挥拍速度。

（4）体侧正、反手抽球动作挥拍

持拍手持握沙瓶或网球拍，在体侧做正、反手抽球击球挥拍动作练习。

（5）前臂前后快速挥摆

持拍手持握沙瓶或网球拍，置于体侧肩以上部位，以肩为轴心，快速做前臂前后摆的练习。

（二）下肢专项力量训练

1. 沙衣或沙袋负重下肢跳跃练习

穿沙衣或沙袋，增加一定的负荷，对所需的动作进行专项力量练习。

（1）全蹲向上起跳

两脚开立同肩宽，向上跳起，落地时全蹲，再立即以全力向上跳起为一次，持续进行多次为一组。下蹲和跳起时腰背挺直，在双手的协助下，靠双腿的力量起跳并支撑全蹲。发展大腿、小腿及踝关节的力量。

（2）双腿收腹跳

两脚开立同肩宽，在摆臂带动下向上高高跳起，在空中屈膝以大腿部位贴近胸部，下落时腿伸直，再跳起以大腿触胸，反复进行。必须尽量高跳，腿贴近胸部时不能弯腰。

（3）单、双脚向前后左右跳跃

两脚开立同肩宽，右脚比左脚向前半步（右手握拍者），以此点为中心位置，做单脚或双脚持续向左前、右前、左后、右后跳出又跳回的练习，跳跃的路线似"米"字形。蹬跳距离应尽量远一些。

（4）单、双脚全力向上纵跳

半蹲，用单脚或双脚持续地全力向上跳起，落地时以前脚掌着地，避免脚跟触地。

（5）弓箭步前后交叉跳

两脚开立同肩宽，在摆臂的带动下跳起，做双腿前后交叉弓箭步跳练习。要利用小腿向前踢，以保证弓箭步的大步幅，身体重心要保持稳定。

（6）弓箭步左右两侧并腿转体跳

两脚开立同肩宽，向上跳起，同时以髋带动身体向左、向右转体，落地时呈弓箭步。持续反复练习，弓箭步落地时，应随之转髋方向指向左侧或是右侧。

（7）单、双脚蹬台阶跳跃

选择一定高度的台阶，以单脚或双脚向上蹬跳。依靠腿部力量完成练习，上体直立，两臂适当地给予助力。

（8）左、右体前交叉跳跃转髋

两脚开立同肩宽，跳起后高抬右腿，以转髋带动向左、右脚落地再跳起，并高抬左腿，以转髋带动向右转体，如此完成一组动作。反复持续地进行，腿要抬得高，髋要转到位，摆动两臂以保持身体平衡。

2.跳绳练习

（1）单、双脚跳绳

依据个人实际情况，练习时间可以是15分钟、20分钟、30分钟或1小时不等。练习中可适当增加负荷，如利用沙衣或沙袋负重做跳绳练习，以发展踝关节的力量。

（2）双摇双脚跳

较长时间的双摇双脚跳练习，可以发展上肢和下肢的速度力量和耐力，练习负荷可采用 80 次、100 次或 120 次不等，每次做 6 组，或连续完成总数 600～800 次。

3. 杠铃负重练习

按照规定的动作，负荷一定重量的杠铃进行下肢力量练习。

（1）前脚掌蹬跳

两脚开立同肩宽，两脚前脚掌触地，充分利用前脚掌的力量蹬跳。

（2）左右脚蹬高

利用沙衣或沙袋负重做单脚蹬并保持一定频率。要用爆发力。

（3）交叉弓箭步跳跃

利用沙衣或沙袋负重做弓箭步前后交叉腿跳跃练习。

（4）原地左右蹬跨弓箭步

两脚开立同肩宽，以髋带动向左或向右转动。向左转时，左脚后跟部位和右脚尖触地；向右转时，右脚后跟部位和左脚尖触地。

（三）躯干专项力量训练

1. 实心球练习

（1）躯干前后屈仰

两人一组，相互间隔 1.5 米左右，背对背站立。持实心球以前屈后仰动作完成一人传一人接的传递练习。

（2）左右转体

两人一组，相互间隔 1 米左右，背对背站立。两人持实心球向相反方向，即一人向左、一人向右进行转体传接球练习。要求转体时双脚不动，仅以身体快速左右转动完成，速度越快越好。

（3）抛掷实心球

两人一组，相距 10 米左右，面对面站立。做双手或单手肩上抛掷球练习。要求运用类似鞭打的动作将球抛出，抛掷距离越远越好。接住实心球时立即抛回，如未接住则拾起来立即抛回。

2. 发展腰部肌肉练习

负荷沙袋做踢腿练习，以发展腰肌力量。

（1）左右腿正踢

侧立，一手扶同侧的支撑物，一腿全力向上踢起。左右脚交替进行，双腿均应绷直。踢腿时要用快速爆发力，另一支撑腿要配合踢腿提踵。

（2）左右腿侧踢

直立，手扶面前的支撑物，一腿全力向一侧踢起，左右腿交替进行。侧踢的同时髋部要配合做侧转，另一支撑腿配合侧踢腿做提踵动作，两腿都要伸直。

（3）左右腿前后踢

直立，手扶面前的支撑物，一腿全力向前或后上方踢起，左右腿交替进行。向后踢的同时，上体做后仰动作，两腿都要绷直。

（4）腰部前俯后仰

侧对肋木，两腿与肩同宽靠肋木站立，非持拍手扶住肋木，做前俯后仰练习。后仰时，持拍手尽量去摸脚跟。前俯时，持拍手由后仰动作配合击球动作向前上方用力挥动，带动腰部以类似后场击球的动作做大弧度的收腹动作，加强腰背部位的韧性。

第五节　速度素质训练的内容与方法

一、基础速度素质训练的内容与方法

（一）反应速度训练

1. 听口令转身起跑

背向起跑线，采用蹲踞式、坐式或站式等起跑姿势，当听到口令后立即转身起动，向前冲刺跑。

2. 看手势起跑

以手势代替起跑口令，看到手势后立即起动向前冲刺跑。

3. 视、听信号变速冲刺跑

慢跑中看到或听到信号后立即向规定的方向冲刺跑，再次得到信号后恢复慢跑，第三次得到信号后又开始冲刺跑，反复进行练习。

（二）动作速度训练

1. 快速跑跳台阶练习

（1）1 级台阶快速小密步上下往返跑

选择有一定长度的台阶，以最快的小密步频率，从台阶底层一步一级地跑到顶层，然后迅速转身，再以同样的频率和方法跑回底层，如此往返。发展腿部力量和动作速度。要以前脚掌和踝关节发力，抬腿的高度以刚刚越过台阶高度为宜，以免影响动作的速度。

（2）2～3 级台阶交叉蹬跨步跑

选择有一定长度的台阶，以最大的步幅，由下往上冲跑，每步跨越两个台阶。前腿充分抬高，后腿充分后蹬，要有一定的弹性和节奏，发展腿部力量。

（3）1 级台阶单脚快速跳

选择有一定长度的台阶，以单足快速的由台阶底层一步一级地跳到顶层，然后跑回底层，再换另一只脚跳，如此反复进行，动作频率要快。

（4）1 级台阶双脚快速跳

练习方法同（3），用双脚跳到顶部。

2. 下坡冲跑练习

选择平坦、有一定倾斜度的坡，进行短距离下坡冲跑练习，强迫加快步频，加快速度。

3. 快速超越障碍物练习

以规定的动作方式，快速、反复绕过 60 米距离中放置的障碍物，快速跨越有一定高度的障碍物。

（三）移动速度训练

1. 不同距离的直线冲跑练习

（1）10 米冲刺跑

训练从静止到迅速加速的能力。

（2）30米加速跑

训练起动后速度持续加快的能力。

（3）60米途中跑

训练将达到的最快速度保持一定距离的能力。

（4）100米冲刺跑

训练途中跑的速度不仅不下降，而且还要尽可能地有所加快的能力。

（5）200米、400米中距离跑

200米、400米中距离跑是提高速度耐力的有效手段。

2. 往返冲跑练习

（1）来回跑

采用5米、8米、10米或是15米不等的距离进行数次回冲跑的练习。要求接近终点时不降低速度，保持最快的速度立即转身折返跑。

注意：为了保持速度不降低，冲跑的距离不宜过长，往返次数也不宜过多。

（2）10米前后冲跑

从起点快速跑至终点，再由终点快速后退跑至起点，如此反复练习。

（3）10米左右侧向并步跑

以右脚在前、左脚在后并步侧向跑至终点，再以左脚在前、右脚在后并步侧向跑回起点。练习时可用两种姿势，一种是以直立姿势跑，另一种是以蹲姿势跑，都要求以最快的速度完成。

二、专项速度素质训练的内容与方法

（一）专项视听反应速度

（1）场地步法

听或看信号、手势进行快速全场移动步法练习，以及前场、中场和后场各种分解和连贯步法练习。

（2）并步、垫步步法

看手势，向前后左右进行并步、垫步步法练习，以提高反应速度。

（3）击球挥拍动作

听到1、2、3、4的口令后，按照预先规定的姿势做击球挥拍动作，反应要速度。

（4）起动步法

听或看信号做起动步法练习，提高判断反应速度。

（二）专项动作速度训练

1. 多球练习

（1）快速封网

练习者在前发球线附近准备，陪练者在场地另一侧快速持续发平射球，练习者在快速移动中反复做网前封网。

（2）多球双打快速接近身杀球

练习者在场地中部，陪练者在场地另一侧前场，向练习者近身位置击球，练习者用正、反手姿势快速地进行防守反击练习。

（3）多球双打快速平抽快挡

练习者在中场位置以防守反攻站位准备，陪练者在场地另一侧从中场快速持续地向练习者扣球，然后双方连续平抽快挡，失误后，迅速发下一个球，不间断反复练习。

（4）多球前场快速接吊、杀球

练习者在中场位置以防守站位准备，陪练者在同侧场地前场位置用杀球和吊球线路向练习者抛球，练习者连续做被动接吊、杀球练习。

（5）多球扑球

练习者在网前位置准备，陪练者在场地另一侧用多球快速向练习者抛近网小球，练习者用正、反手姿势快速扑球或做推球练习。

（6）快速击全场球

练习者在单打场地中心准备，陪练者在场地另一侧运用多球向练习者发各种位置的球（适当缩小移动距离），练习者跟上发球速度，连续快速地回击。

2. 快速跳绳练习

（1）单足快速变速跳

采用1分钟快跳与1分钟慢跳的小密步高频率、高抬腿、前后大小步等专项步法，做快速变速跳绳练习。

（2）1分钟快速双摇跳

1分钟内以最快速度完成双足双摇跳，要求突出速度，以次数多者为佳。

3. 击墙壁球练习

（1）以封网动作快速击球

面对平整墙壁距离1米左右站立，在头前上方以封网动作用前臂和手腕发力向墙壁连续快速击球。

（2）接杀球击球

面对墙壁站立，用接杀挑球或平抽球动作快速向墙壁连续击打体前腰部上下位置的球。

4. 快速挥臂练习

（1）肩上手腕前屈后伸快速持续挥拍

持拍手臂贴耳置于肩上、上臂和前臂伸直，仅靠手指控制握拍，手腕以前屈后伸动作做快速持续挥拍的练习。

（2）前臂屈伸快速挥拍

持拍手臂贴耳置于肩上，上臂不动，以肘为轴，仅以前臂用后倒前伸击球的动作做快速持续的挥拍练习。

（3）前臂体侧前后摆动挥拍

持拍手置于与肩齐平的高度，下肘微屈而前后摆动用类似打陀螺的动作做快速摆臂练习。

（4）快速抽球动作挥拍

按信号或节拍做各种正、反手快速持续抽球挥拍动作练习。

（5）快速连续杀球动作挥拍

上下肢协调配合，用完整杀球动作快速持续地做挥拍练习。

（6）手腕快速绕"8"字挥拍

持拍手在体前，以肘为轴固定不动，手指放松握拍，仅用手腕沿"8"字形快速持续做挥拍练习。

5. 下肢快速步频练习

第一，原地快、慢变速高频率小密步踏步。

第二，原地快、慢变速高抬腿。

第三，原地快、慢变速向前、向后屈腿。

第四，原地快、慢变速转髋。

第五，原地快、慢变速向前左右交叉跳。

第六，原地快、慢变速向前小垫步接向后蹬转。

以上练习内容按照慢、快、最快，再由最快的动作速度节奏进行练习，时间可以控制在 20 秒慢转为 30 秒或 1 分钟，再接 30 秒最快的速度交替进行练习。

6.跨越障碍物练习

将障碍物摆放成各种形状，练习者以各种跑跳姿势快速穿越或跳越这些障碍物。

（三）专项移动速度训练

（1）直线进退跑、左右两侧跑、低重心四角跑

方法参见步法练习部分。20～30 次为一组，做 4～8 组。组间可放松休息或视自身情况而定。

（2）杀球上网步法

快速连续完成后场左右移动跳跃步杀球击球动作，然后再迅速接做上网步法。20～30 次为一组，做 4～8 组。组间可放松休息或视自身情况而定。

第六节　耐力素质训练的内容与方法

根据专项运动特点，在耐力素质训练中，在提高基础耐力素质的同时，应注意发展专项耐力，保证在比赛中持续快速工作的能力。现将基础耐力和专项耐力素质训练的内容与方法简要介绍如下：

一、基础耐力素质训练的内容与方法

（一）400 米、800 米快速跑步

保持一定的速度，发展速度耐力。

（二）1000～5000 米不等长距离跑步

基础耐久能力训练。

（三）长距离变速跑

在相当的距离内，如 2000 米、3000 米或 5000 米以上，采用快慢交替的方式进行变速跑。

（四）越野长跑

在郊外，规定一定的时间和距离进行长跑，以多次数的方法进行变速跑练习，发展力量耐力。

二、专项耐力素质训练的内容与方法

羽毛球运动中所需要的专项耐力不同于体能类长跑运动项目所需的那种长时间的持续耐力，而是一种快速运动状态下间隔时间长短不一的速度耐力。对抗中有多次的反复快速起动、位移、击球动作，持续的快速运动贯穿整场比赛，速度耐力素质在羽毛球运动中起着极其重要的作用。因此，专项耐力素质的训练，应以发展强度高、间歇短的速度耐力为主。练习示例如下：

（一）冲刺跑加移动步法

200 米、300 米或是 400 米全力冲跑后，立刻进行 45 秒或 1 分钟全场移动步法练习，完成两项内容为一组，中途无间歇，组与组之间可间歇 3 分钟左右。依据选手的具体情况，可采用 2 组、3 组、5 组不等的练习负荷。

（二）长时间综合跑跳

内容可参见专项灵敏素质练习，但要延长练习时间，加大负荷量。

（三）长时间的单、双脚跳绳

采用专项速度素质训练中的跳绳内容，但要延长练习时间，加大负荷量。

（四）多球速度耐力

运用多球，进行全场各种位置的连续击球练习。以下多球练习的次数可视个人情况灵活掌握，但每次练习均应在快速动作的前提下有一定的基础数量，以达到速度耐力训练的目的。练习时，组与组之间应有间歇放松，休息后再练习。

多球后场定点连续击高吊杀。陪练者用多球持续向练习者的后场发高球，练习者连续不停地进行高吊和杀球练习，在熟练技术的同时，增强手臂的击球耐力。

多球连续被动接吊杀。陪练者用多球定点或不定点地向练习者的前场左右两点和中场左右两点抛球，练习者对抛来的进行类似吊球或杀球练习。陪练者抛球时应适当增加练习者的接球难度，以让练习者"接被动球"为主。

多球连续全场杀球上网。陪练者持续地用多球向练习者场区一前一后固定的路线发球，练习者杀球后进行快速上网搓球练习。陪练者应控制好发球的速度，以锻炼和发展练习者场上移动的速度耐力。

多球双打后场左右连续杀球。陪练者用多球持续地向练习者后场左右区发高球，练习者连续不停快速左右移动起跳杀球。这项练习是为了提高双打后场选手连续进攻的能力，因此，陪练者需要控制好发球的速度和范围，以保证练习者快速、持续地移动杀球。

多球全场封杀球。陪练者用多球以"右后场—右中场—右前场—左前场—左中场—左后场"的顺序向练习者发球，练习者从右后场起跳后，迅速向前跟进至右中场持续杀球，再向前压到右前场封网，再连续向左前场移动封网，再后退一步至左中场起跳杀球，再后退至左后场做起跳头顶杀球。至此，完成一轮封杀练习。可持续完成几轮，以提高双打的速度耐力。

多球全场跑动。陪练者用多球不断地、不固定地向练习者场区前后左右几个点发球，迫使练习者持续不断地全场奔跑救球，以发展专项移动的速度耐力。

（五）单打持续全场攻防

需要 5～6 个球，一人专门负责捡球，失误出现时，不间断地立即再次发球，使练习者没有间歇，在规定时间内保持较高速度反复移动击球。

二一式 20 分钟或 30 分钟不间断持续全场进攻。这是单打进攻的加强式练习，目的是在熟悉各项技术的同时，提高练习者场上的速度耐力。方法是练习者在场地一侧全力快速地组织球路向对方发起进攻，陪练者两人采用分边站位立于场地一侧，各负其责地守住自己一侧的来球。通常情况下，当练习者以平高球进攻时，陪练一方回后场高球。如果练习者采用吊球或杀球进攻，陪练者即可回挡网前小球。练习时，双方可持续进行多拍，以减少捡球时间，提高练习的强度。

三一式30分钟不间断持续全场接四角球和接吊杀球。这是单打防守的加强式训练方法，陪练者的一方为3人，一人站网前，两人分站后场两点，以加强进攻的威力。练习者站在场地的另一侧，全力快速地防守对方的来球。通常情况下，陪练者以平高球进攻后场，练习者一般回高球，陪练者采用吊球或是杀球下压进攻，练习者可任意回球。同二一式一样，练习时，双方可持续进行多拍，尽量减少捡球时间，提高练习的强度。

三一式、四一式单打全场或是双打半场、全场防守。这是一种双打防守的加强式练习。练习时由3人或4人陪练，目的是加强攻击力，加大对抗的难度，全面提高练习者的防守能力。方法是陪练者分别站位于场地一侧的前场和后场的几个位置，以后压前封的形式全力进攻。练习者可以是一人或是两人。如为一人，则守住半块场地的来球；如为两人，则分边站位，各负责防守半场的来球。

第七节 灵敏素质训练的内容与方法

一、基础灵敏素质训练的内容与方法

（一）抛接羽毛球训练

第一，将球向上抛起，即刻下蹲，双手触地，再迅速站起用右手将球接住。练习中可以游戏的方式进行，如做连续接10次球的比赛，以协调配合好、完成速度快者为优胜。

第二，持球，右腿直腿抬起，同时用右手将球从抬起的右膝下向左上方抛起，再用左手以此方法反复进行练习。

第三，两臂侧平举，右手将球经头顶向左侧方向轻轻抛出，左手接住球后，以同样的方法经头顶向右侧抛球，右手接住，如此反复进行练习。

第四，两臂向前平举，用右手将球从左臂下面向上抛起，再用右手接住，连续做数次后，再换左手做同样的动作，如此反复进行练习。

第五，用右手将球向上抛起，同时原地起跳向左转体360°，然后接住球。再换左手做同样的动作，但要向右转体360°，如此反复进行练习。

第六，单脚站立，同侧手将球从身后经肩上方抛向身前，再用抛球手接住，接球后才能把提起的脚放下。再换另一只脚站立，用另一只手做同样的抛球接球练习，如此反复进行练习。

第七，两脚左右开立，上体前屈，一手持球经胯下将球从背后抛向身前，然后身体快速站直将球接住，反复练习。

第八，在地上画一直径 3 米的圆圈，沿圆圈顺时针方向边跑边持拍颠击羽毛球，再换方向逆时针做颠球跑。跑的时候全身上下要协调配合，规定双脚要踏在线上，同时用球拍控制好球，不让它落地。

第九，在地上画 1 米左右的直线，两端各放一球，练习者手持一球站在线的中间向上抛起后，迅速弯腰分别拾起地上左右两端的球，再接住落下的球。

（二）灵敏游戏训练

1. 持球过杆

在长 20 米的直线上插 10 根杆，练习者持拍向上颠球，同时沿曲线绕杆做接力跑练习。

2. 踢球过人

甲乙二人相距 6 米面对面站立，丙站在甲乙中间，甲乙二人力争将羽毛球踢过丙并由对方接住球，丙则尽力截击踢过来的羽毛球。

3. 圈内截球

数人围成一圈，根据练习者的人数多少，决定圈内进一人或两人。圈外的人在圆圈空间范围内将羽毛球来回传递，圈内练习者则设法截击，触到球为截击成功，被截住球的传球者则被换进圈内，继续练习。

4. 小沙包击人

在一个长约 8 米、宽约 4 米的场地内设防守者，进攻者站在场地纵向的两端，以小沙包击防守者。如防守者的身体任何部位被沙包击中，则被罚下，直到守方全部选手被罚下场为止。然后交换攻守，继续练习。

（三）变向能力训练

1. 过人

在地上画一条横线，练习者两人面对面站在线的两侧，一攻一守，攻者设法越过横线而不被守方触及身体，守方则伸开双臂拦阻攻者，设法使之不越过横线，以此来练习移动中的变向能力。

2. 抢球

练习者分为两个小组，一组传接羽毛球，另一组则设法截夺，截夺成功则交换角色，看哪方控球时间长。

注意：控球者不能长时间持球，必须不停地传接球。

二、专项灵敏素质训练的内容与方法

专项灵敏素质是运动技能和各种素质在运动中的综合表现，是一种身体与球和谐统一的特殊素质。羽毛球击球最大飞行时速达 300 多公里，球在空中飞行速度快，方向变化多，对运动员身体的灵敏性提出了较高的要求，尤其是对其瞬间的方向距离感和突变能力要求较高。下面介绍一些提高羽毛球专项灵敏素质的常用练习方法。

（一）上肢灵敏性训练

1. 手腕前臂灵敏性训练

（1）快速、变向用手接各种前半场小球

练习者站于中心位置，陪练者向其前场两点和左右两角抛球。练习者以低重心配合跨步做双手接球动作，然后立即抛给陪练者，同时迅速退回中心位置，准备接第二次来球，如此反复进行练习。

（2）快速左右前后一步腾空接球

练习者站在中心位置，陪练者向其左右两侧的高空抛球，练习者判断来球后侧身跃起，用类似足球守门员的动作在空中接球，再抛给陪练者，同时迅速回位中心位置，准备接第二次来球，如此反复进行练习。

（3）快速用手接前、后、左、右、上、下位置的来球

练习者站在中心位置，陪练者向其前、后、左、右、上、下 6 个点抛球，练习者向来球方向移动，并用双手接球再立即抛回给练习者，再迅速退回中心位置准备接第二次来球，如此反复进行练习。

2. **手指灵敏性训练**

（1）捻动拍柄

手持拍柄，用手指捻动拍柄，做左、右、上、下转换拍柄位置的练习。

（2）抛接球拍

将手持的球拍向前、后、左、右和上方抛起，再用手迅速接住，如此反复进行练习。

（3）持拍绕环

两手各持一拍，在各自的同侧前方位置顺时针或逆时针方向做手腕大绕环练习，或是两手做不同方向的大绕环练习，或是两臂交叉，即在异侧做大绕环练习，也可以用相同方法以肘为轴做前臂绕环练习。

（二）综合灵敏性跳绳训练

跳绳是发展羽毛球专项素质能力的一种行之有效的手段，不仅可以加强大腿、小腿、踝关节和手腕、前臂的力量，而且对发展上下肢协调配合的灵敏素质也有很大帮助。另外，跳绳练习比较简单，效果好，也不受场地的限制，只要有一根尼龙绳即可进行练习，是各国羽毛球选手首选的专项身体素质训练方法之一。

1. 前后小交叉步、大跨步交叉跳绳

练习时要以前脚掌着地，完成交叉和跨步动作。

2. 高抬腿跳绳

以原地高抬腿动作完成跳绳练习。

3. 双脚前后左右跳绳

选择一个中心点，双脚以"米"字形做跳跃练习。

4. 起动步法跳绳

依据步法移动方向，运用起动步法的第一步进行跳绳练习。

5. 左右脚花样跳绳

两脚分别依据不同的花式变换进行跳绳练习，以提高两脚的灵活性。

6. 向右、向左转髋跳绳

先屈膝跳跃并向右转髋90°，然后恢复原位，再屈膝跃向左转髋90°，快速交替进行练习。

采用以上练习时，可视具体情况，选择 20 分钟、30 分钟或 1 小时的持续时间，反复交替进行。

（三）下肢综合跑训练

1. 小步跑

以前脚掌触地，向前做快频率的小步跑。腿要蹬直，以发展小腿和关节的力量。

2. 高抬腿跑

一腿蹬直，另一腿的大腿上抬至水平，两腿交换动作，快速进行。

3. 后蹬跑

跑进时，蹬地腿向后下方发力蹬直，摆动腿同时向前上方屈膝摆起，以箭步跨步腾起落地。两腿交替快速进行。

4. 后踢腿跑

跑动过程中，一腿充分后踢，另一腿蹬直。两腿交换动作，快速进行。

5. 垫步跑

右腿在前，左腿在后，屈膝向右前方垫步跑；再换为左腿在前，右腿在后，屈膝向左前方垫步跑。接下来改为左腿在前，右腿在后，屈膝向右后方垫步跑；再换为左腿在后，右腿在前，屈膝向左后方垫步跑。如此快速交替进行，跑动中身体保持稳定。

6. 左右侧身并步跑

双腿屈膝，以并步姿势向左侧做并步跑，再向右侧进行。

7. 前后交叉步侧向移动跑

以前后交叉步向左侧或右侧做移动跑练习。

8. 双脚向后跳

双脚向前下方蹬地做向后跳跃练习。

9. 体前交叉转髋

跑动中，左腿屈腿上抬至水平后，以髋部带动向右转，落地后再右腿屈腿上抬至水平，以髋部带动向左转体，落地后再换左腿做，如此快速地交替进行。

综合跑练习可选 30 米的距离，用以上动作来回重复两次，连续完成全部内容为一组，具体负荷组数视个人情况而定。

（四）髋部灵活性训练

1. 快速转体

以左脚为轴，右脚向前、向后做蹬步转体练习。

2. 前后交叉起跳转体

前后交叉起跳转体即连续的后场起跳击球动作练习。

3. 原地转髋跳

髋部向左、向右连续转动，向右转时右腿向外旋，左腿向内旋，两脚尖方向保持一致向右，身体向前，上体保持平衡，仅下肢转动。髋部向左转时，左腿向外旋，右腿向内旋，两脚尖方向保持一致向左。

4. 高抬腿交叉转髋

高抬腿姿势，当腿抬至体前最高点后迅速向左或向右转体。左右腿交替持续做。

5. 收腹跳

双脚全力向上纵跳的同时，双腿向胸前屈收，完成屈腿收腹动作，连续跳跃一定次数，反复进行。

6. 小密步垫步前后蹬转

右脚向前移动半步，左脚紧跟其后迅速垫一小步靠向右脚，此时以左脚为轴心，右脚向后蹬地转体，左脚随即后退小半步，右脚再次向前移动半步（开始重复第二次），如此反复进行练习。

7. 半蹲向前、后、左、右转体垫步移动

练习时，在短距离内以信号为准快速变换方向。

第八节　柔韧素质训练的内容与方法

柔韧素质训练包括上肢、下肢和躯干等部位，下面简单地介绍基础和专项柔韧素质训练的内容与方法。

一、基础柔韧素质训练的内容与方法

（一）拉长身体各部位韧带训练

1. 屈体

两脚左右开立，与肩同宽，两臂以稍比肩宽的距离斜上举，上体尽量前屈，双手先在左膝后面击掌，再换在右膝后击掌，依次反复进行。

2. 伸展

两脚左右开立，与肩同宽，两臂在胸前平屈，掌心向下，随上体向左转并向两侧展开，向后振臂拉长韧带，还原后再随上体向右侧做同样的动作，反复进行。

3. 振臂

直立，上体挺直，两臂前平举，尽力侧开向后振，恢复准备姿势后重复后振，反复进行。

4. 触摸脚尖

两脚左右开立，比肩稍宽，两臂自然下垂。上体前屈，以左手指尖触摸右脚尖，再以右手指尖触摸左脚尖，反复进行。

5. 体侧屈伸

两脚左右开立，与肩同宽，左手叉腰，右臂向上伸直，上体向左侧屈，做侧屈伸练习。再以右手叉腰，左臂向上伸直，向右侧做右侧屈伸练习。侧屈时，叉腰的手可加推力，动作要柔和。

6. 转腰

两脚左右开立，与肩同宽，两手扶后脑，上体反复向左右两侧做转体动作，先向右转，再向左转，如此反复进行，转体时两脚勿动。

7. 跳跃

两脚左右开立，与肩同宽，两臂侧平举，跳跃两次，然后两脚并拢，两手在头顶上拍两下，再跳跃两次，以一定的频率反复进行。拍手时两臂要伸直。

8. 弓箭步

向前跨弓箭步，最大限度地拉压腿部肌肉和韧带，左右腿交替进行。

（二）拉（压）韧带训练

手扶肋木，将身体练习部位搭靠在肋木上，借助肋木，进行以下各部分肌肉带的柔韧性练习：

1. 正面压腿

面向肋木站立，一腿支撑，另一腿抬起，脚跟置于肋木上，然后以胸部尽力压靠抬起腿的膝部，然后两腿交换，两膝均不得弯曲，髋关节必须与被压腿垂直，必须用胸部向拉伸腿压靠。

2. 侧面压腿

侧向站立，一腿支撑，另一腿侧向抬起置于肋木上，两臂上下分开，协助上体以同侧肩部压靠抬起的腿，然后两腿交换，两腿膝均不得弯曲，肩关节必须与抬起的腿水平，必须用同侧的肩部压靠被压的腿。

3. 后压腿

背向肋木站立，一腿支撑，另一腿向后抬起置于肋木上，两臂上举协助上体后仰，尽量以头部贴靠被压的腿，然后两腿交换。两膝均不得弯曲，髋关节尽量与被压的腿垂直，要缓慢地拉压，以防受伤。

4. 劈叉

借助肋木，交替进行竖劈叉（正向）和横劈叉（侧向）练习，劈叉时左右腿可交替前后。

5. 拉压肩

双腿面向肋木开立，双手或单手扶肋木，立腰，上体前屈，舒展地拉压肩部，充分拉开肩关节，也可以进行侧向拉肩或背向拉肩。

6. 下腰

背向肋木，两腿自然开立，两臂上举，带动上体后仰，抓住肋木做拉伸躯干部位的练习。

二、专项柔韧素质训练的内容与方法

关节活动幅度大，肌肉和韧带的伸展度好，有助于运动员高质量地完成各种位置的击球动作。柔韧素质的好与坏，关系到上下肢和躯干协调性的好坏，直接影响到运动中完成各种技术动作的质量。常用的专项柔韧素质练习方法有以下几种：

（一）发展上肢关节韧带伸展性训练

1. 绕肩

两臂上举，以直臂或屈臂姿势向前绕臂，再向后绕臂，如此反复快速进行。

2. 转动绕环手腕

手腕以屈伸、外展、内收等动作，做顺时针、逆时针转动绕环的练习。

3. 持拍做肩部大绕环

方法参见上肢专项灵敏素质训练，注意加大肩关节绕环。

（二）发展下肢各关节韧带伸展性训练

1. 后仰前屈

手扶固定物，两脚开立与肩同宽，持拍的手臂徒手上举，先向后仰，尽量用手触摸同侧的跟腱，再以击球姿势收腹向前屈体，用手去触摸同侧的脚尖，反复做此练习，也可改为两人背向站立，相距 1 米左右，持实心球做上体前屈后仰传接练习。

2. 拉跟腱

两脚前后自然开立，后脚的脚尖指向正前方。前腿屈，后腿伸直，并使后脚脚跟尽量地贴近地面，最大限度地拉伸跟腱，再换另一条腿做。

3. 踢腿

参照上述的压腿练习方法，手扶支撑物全力快速地做正向、侧向和后向的踢腿练习。

4. 弓箭步跨步

两腿交替做向前或向侧前方踢小腿迈出大跨步的弓箭步。跨步时应以脚后跟先触地，脚尖微外展，屈膝大于 90°，髋部尽量与跨步的大腿保持水平。

（三）发展腰部伸展性训练

1. 绕环

两前、左后、右后、左侧、右侧做练习。

2. 转腰

两人背向站立，相距 1 米左右持实心球做左右转体传接球练习，也可运用头顶被动击球动作做腰部快速后伸前屈练习。

长期的羽毛球运动实践证明，经常而系统地进行上述各种体能训练，可以有效地提高专项身体素质，从而全面提高技战术水平，同时还可以增强机体素质，提高抗疲劳能力。成长中的少年儿童，进行正确恰当的体能训练，能使内脏器官和身体形态得到协调发展，有利于身体的正常生长发育，而对于成年人来说，体能提高和运动能力增强，既能降低运动中各种损伤的发生概率，又能改善人体的机能水平，获得良好的体质，提高学习和工作的效率。

第九节　羽毛球心理能力训练

一、羽毛球运动员一般心理能力的训练

（一）"球感"训练

羽毛球运动的"球感"训练主要是以发展运动员对羽毛球、球拍和手指、手腕、前臂肌肉发力的感受性为内容，以降低运动员相关感觉的绝对感觉阈限和差别感觉阈限为方式，以提高运动员对击球的肌肉运动觉、视觉、关节肢体变化觉和平衡觉等感觉的绝对感受性与差别感受性为目的的训练。"球感"训练是羽毛球心理训练的重要内容。

1. 训练方法

羽毛球运动员的"球感"训练具体方法如下：

第一，通过演示、讲解和观察，运动员可以充分了解羽毛球的质地与飞行特点，全面认识羽毛球的构成和属性，提高对来球方向、来球高度、来球速度、来球旋转等的判断能力。

第二，通过观察、触摸和挥拍击球，运动员可以充分了解羽毛球拍的结构和拍弦属性，全面认识和体会羽毛球拍在接触球、击球瞬间的肌肉感受以及球被击出后的飞行效果，增强对球拍与球之间的关联性的认识。

　　第三，通过持拍和击球，运动员可以充分了解在持拍和击球时手指、手腕、手臂的各种肌肉用力大小和方向变化，并使运动员能够体会到这种用力大小和方向变化对击出的球的高度、速度、弧度、距离、旋转、方向和落点等的影响。

　　第四，通过击球技术专项教学，运动员可以掌握各种击球方式和方法，如对"点"击球、对"圈"击球、对"线"击球等，增强自己对不同击球方法中球感的机体感受。

　　2. 训练注意事项

　　第一，进行"球感"训练，必须遵循由易到难、循序渐进的原则，不能操之过急，否则只会适得其反。

　　第二，进行"球感"训练，必须遵循持之以恒的原则，无论运动员的技术水平如何，任何时候都不能忽略对"球感"的练习。一旦停止练习，球感的敏感度就会降低，甚至消退。

　　第三，"球感"训练应和运动员的基本素质训练以及心理干预结合进行，因为身体疲劳、精神紧张等都会影响运动员的"球感"敏感度。

（二）动作反应训练

　　羽毛球运动员的动作反应训练是以提高运动员感知、判断和应答动作反应敏捷性、正确性为内容和目的的训练，是羽毛球心理能力训练的重要基础。

　　羽毛球运动员动作反应的快慢受其对刺激物刺激后反应过程的影响。影响羽毛球运动员反应过程的因素主要包括知觉刺激物、动作类型归类（表象再认）、判断与确定对方的意图及思想、选择相对应的有效应答动作、实现反应动作等；影响羽毛球运动员动作反应快慢的因素主要包括：对对方动作意图的判断能力，对对方来球的观察能力，对自己回击球的决策、速度与正确性的判断，回击球动作的速度与准确性，注意力的集中，迎球而上的勇气，适宜的中枢兴奋程度以及良好的体能状态等。因此，羽毛球运动员对来球和回球的"判断—决策—动作反应"与大脑中枢、身体状态、意志品质息息相关。要提高运动员的动作反应能力，必须从以下几个方面着手进行：

　　1. 动作反应训练方法

　　第一，提高运动员应对各种来球的回击能力。在羽毛球运动中，对方击杀球、平抽球和各种变化球较多，运动员击球动作的熟练性是其进行良好、准确动作反应的前提和基础。

第二，在训练实践中安排多种动作反应练习，如二打一练习、接杀球训练等，提高运动员寻找判断线索的能力，使之能够迅速作出正确决策并实施动作。

第三，在训练实践中适当增加同一种技战术的训练次数，反复多次练习，使运动员在实践中体会动作细节，提高运动员的动作敏捷性，直至能够形成自觉性的动作反应。

第四，加强"组合技术"练习，将单一而相关的技术综合起来，将来球与回击球的动作对应起来，形成"组块"，使运动员能掌握和熟练应用，并"储存"在大脑中，以便于运动员在紧张、复杂的情势中准确判断、快速反应。

第五，增强爆发力和各种快速动作变化的灵敏素质练习，以提高运动员的体能素质，为作出反应动作打下体能基础。

第六，加强实战模拟练习，使运动员熟悉对手的打法和动作特点，提高运动员的判断能力和快速反应能力。

2.动作反应训练注意事项

第一，提高运动员的自信心。无论对手在什么位置，无论来球多么凶猛、多么高难度，运动员都要相信自己能够接住，具备"打不死"的精神和力争"绝处逢生"的欲望，只有这样才能做好完美的动作反应和实战中的接杀球或"二次"反应动作。

第二，训练方式和方法要灵活多变，以避免运动员在实战中被对手做假动作欺骗而作出错误的动作反应。

第三，在训练过程中，要指导运动员保持注意力的高度集中和适宜的兴奋状态，使运动员的肌体始终保持积极、活跃的运动状态。

（三）运动表象训练

运动表象是指人脑中重现或创造出来的运动动作或运动情境。羽毛球运动员的运动表象训练是利用运动员的运动表象来提高和巩固运动技能、练习战术打法、模拟比赛情境、调节情绪和增强信心的心理训练方法，该训练可通过运动员在大脑中技术的再现，提高神经和肌肉的活动记忆，从而达到技术动作练习的效果。

1.运动表象训练方法

第一，要求运动员在实施技战术之前，在头脑中重现技术动作和战术过程，充分调动运动员相应的神经和肌肉产生微弱的活动。

第二，要求运动员在头脑中反复想象比赛过程或情境，体验比赛的紧张性，这主要利用的是表象训练的模拟比赛功能来使运动员熟练已有或新的技战术打法，从而提高运动员的技战术应用能力。

第三，通过回忆比赛情景，或通过观看比赛场景的图像等，使运动员熟悉技术动作，从而达到和实战训练一样的效果。

2.运动表象训练注意事项

第一，进行运动表象训练应当编写好动作要领和情境表象的提示语，熟记或做好录音。

第二，实际表象训练时要在安静的环境里，首先放松身体和心理，其次默念提示语，使运动员在头脑中产生相应的动作体验或情境形象。

第三，提示语应具有充分调动运动员多种感官参与表象的能力，尽量做到完整、连续、形象逼真，以提高表象训练的实际效果。

第四，如果在训练前运动员情绪比较紧张，可听音乐放松，先令其想象安静、舒适、美好的情境，如想象海浪、沙滩、小溪、清风、鸟鸣等，使其情绪安静下来，然后再进行系统的表象训练。

（四）注意力集中训练

任何一项体育运动都需要参与者具有高度集中的注意力，否则很容易造成动作失误或不必要的运动损伤。在羽毛球运动中，注意力的集中是羽毛球运动员最基本的心理素质之一。注意力贯穿运动员完成每一个技术动作的始终，运动员打每一拍球和接每一拍球时都要集中注意力，只有注意力集中于观察对方、迎接来球、击球等每一个环节，才能很好地处理每一个球。因此，注意力集中是运动员投入训练和比赛中的标志，是运动员排除内部杂念与消极情绪，积极进行训练和比赛的关键所在。

1.注意力集中训练方法

（1）视物法

仔细观察一个目标物，几秒后，闭目回忆目标物的形象，反复进行，直到回忆时目标物清晰为止，每天练习数次。

（2）看表法

注视手表秒针的移动。每天练习两次，每次重复3~4遍，间隔10~15秒。如果运动员能持续注视秒表针移动5分钟，则说明已经具备了较高的注意力集中能力。

（3）发令法

运动员集中注意力观察或聆听教师或教练员给出的较弱的特定信号并进行相应的行动。

（4）发球过程注意练习

按顺序集中注意力完成发球动作，即"观察对方位置—决定发球方法和落点—深呼吸一次—做好发球准备姿势—发球"。

（5）接发球过程注意练习

按顺序集中注意力完成接发球动作，即"选好接发球位置并做好准备姿势—观察对方发球的准备姿势—注视对方的抛球和挥拍动作—判断来球—选择接发球技术—接发球"。

（6）反复按既定的注意顺序进行默念练习

使运动员形成正确的动作定型，提高运动员在实战中无论出现什么情况都可排除干扰的能力，并使之按既定的心理活动定势作出正确的反应。

（7）临场模拟训练

羽毛球比赛场地小、观众近、比较喧闹，为避免运动员在比赛中受观众、光线、风速、风向、场地走向等因素的影响，可有意制造与比赛环境相似的情境，让运动员适应气氛。

2. 注意力集中训练注意事项

第一，运动员的年龄、个性、训练水平等不同，在注意力上会存在较大的差距，因此，训练要有针对性。基础训练阶段，运动员兴奋度较高，可要求运动员全部注意力集中在球上；训练后期，运动员体力有所下降，可让运动员进行一些速度快、精确度高的练习。

第二，个体的注意具有指向性，因此，在羽毛球运动员的注意力集中训练过程中，应重视提高运动员对复杂运动情境刺激的有效筛选能力，提高其提取线索的能力，使其能更迅速地提取到与完成羽毛球技战术动作有关的线索，并将这些线索作为运动实践中心理活动指向对象进行训练。

第三，提高运动员的注意强度，要求运动员始终保持对训练和比赛的高度热情，忽略对比分、胜负、名利的追求，表现出对比赛过程的关注，全身心地融入练习或比赛之中。

第四，重视对运动员的训练和竞赛动机、心理定向、思维控制、最佳心理状态等方面的教育和指导。

第五，重视对运动员合理分配注意力的训练，如本人击球和对方击球时要高度集中注意，在打完一球或一局球时可适当放松，不要长时间持续地保持高强度的注意力集中，否则就会使心理能量过度消耗，以致关键时刻因精神疲劳而造成中枢神经的抑制。

第六，应激是干扰运动员注意力的内部心理原因，应激调节有助于注意的集中。适当地加强运动员在疲劳状态下的技战术练习，有利于减少疲劳对运动员注意的影响。但过度应激会造成运动员注意狭窄、混乱，在运动员有伤病的情况下，应停止训练，及时治疗，切不可强求。

（五）应激控制训练

应激是指个体所感知的环境要求与自我认为的自我能力之间存在不平衡时产生的身心反应。外部环境刺激（应激源）、个体认知、身心唤醒反应是产生应激的三要素。应激源是指一切可能影响运动员的因素；个体认知过程是指个体对这些外部环境因素的评价、态度、看法等，是外部刺激到身心唤醒之间的过程；身心唤醒反应是指个体表现出来的身心活动水平。应激有以下两种产生形式："环境刺激—唤醒—消极思维—应激""环境刺激—消极思维—唤醒—应激"。

过度应激会对运动员产生较大的消极影响，因此，必须对运动员实施应激控制训练，控制应激可针对应激产生的三要素有针对性地进行。

1. 环境应激控制训练

（1）减少不确定事件

让羽毛球运动员充分了解羽毛球运动练习的内容、方法、运动负荷，比赛的时间、地点、规程、对手情况等，使他们提前对训练和比赛做好心理准备，做到心中有数。

（2）降低外界的重要性评价

降低外界对运动员训练效果和竞赛结果的重要性评价，使运动员明确训练和比赛重在参与的态度。避免运动员的亲属、朋友、领导、媒体等对其训练效果和比赛成绩的过分渲染和强调，使运动员的注意力真正集中到训练和比赛当中去，消除其紧张情绪，并使其能对比赛作出更充分的准备。

（3）回避法

如进行封闭训练，暂时避开外界的影响，使运动员能够集中精力准备比赛。但要注意该方法不可长期使用。

2. 身体应激控制训练

身体应激控制的目的是让运动员将技能与训练或比赛紧密结合、自如应用，能在应激时降低身体唤醒水平。

身体应激控制训练方法有很多，常见的主要有呼吸放松法、渐进放松法、自我暗示放松法、表象放松法、生物反馈放松法、自生法等。

在身体应激控制训练中，应注意使运动员的大脑和躯体之间建立双向联系，即在运动员的意念与神经系统反应活动之间建立固定联系，因此，该训练必须长期坚持练习，短期练习无法取得预期的效果。

3. 认知应激控制训练

认知应激控制训练是基于"思维决定情绪"的原理实施的，即转变应激产生的主要根源——消极思维方法、消极评价等。如一名运动员在第一局关键球失利后，第二局可能会放弃争夺。其想法是："好运动员在处理关键球时是不会出错的，我在处理关键球时出错，我不是好运动员；对手在处理关键球时没有出错，对手是个好运动员，我打不过他 / 她。"这种思维将处理关键球不能出错绝对化了，并作出了对手处理关键球没有出错就比自己水平高的错误推论。认知应激控制就是要转变运动员的错误思维，使运动员能冷静、客观地应对训练和比赛。

认知应激控制练习可采取以下步骤进行：

第一，选择运动员经常出现问题的情境，让他回忆当时出现的想法。

第二，引导运动员对当时的想法进行讨论、分析，找到消极认知。

第三，和运动员探讨消极认知对当时情绪和行为的影响。

第四，研究能否用积极、合理的想法替代当时的消极想法。

第五，帮助运动员制定应对当时情境的积极、现实、简短而具体的暗示内容。

第六，引导运动员利用想象，将合理自我暗示应用于相同的情境。

第七，鼓励运动员在相同情境的实践中应用。

（六）意志品质训练

羽毛球运动的意志品质训练目的是端正羽毛球运动员的心态和动机，提高运动员在训练和比赛中克服各种困难的决心和品质，充分发挥运动员的积极性和主动性，使其努力完成训练和比赛任务。

在羽毛球运动训练和比赛中，运动员的运动动机是否端正、情绪是否高涨、目的是否明确、克服困难是否坚决等，是直接影响运动员能否顺利、高质量地完成训练和比赛任务的主观因素。其中，运动动机和运动目的是激励运动员战胜困难的强大内部心理动力，起着强化和维持运动行为的作用。运动员的动机越强烈、目的越明确，其参与羽毛球运动训练和比赛的需要和愿望就越强烈，运动员的运动潜能就越能够激发出来，使其提高运动抱负、坚定运动信念，增强训练和参赛的义务感、责任感、使命感，在训练和比赛中以乐观的心态积极面对和解决各种困难，调动更多的生理能量参与运动活动，超常发挥。

实践证明，运动员在训练和比赛中遇到困难的表现与其平时养成的意志行为习惯有关。习惯是个体"刺激—反应"自动化的一个标志，俗话说的"习惯成自然"就是这个道理。一旦运动员在日常的训练中形成了良好的意志品质，在比赛中遇到相应的刺激时就会自动表现出相应的良好行为，即运动员在遇到困难时会咬牙坚持和积极克服。运动员日常的性格固化之后就会形成固定的意志品质，并在训练和比赛中表现出来。

羽毛球运动员的意志品质主要有以下两种训练方法：

1."反向"训练

在羽毛球运动员意愿相反的意愿方向上安排相应的练习。如在运动员疲劳想休息时继续练习；在气候恶劣想在室内练习时坚持安排室外练习；当运动员不愿意进行逆光打球时就多安排逆光场地上的练习；当运动员害怕高强度的练习时，就安排多球练习、多人打一人训练、极限训练等，有意识地不遂运动员的心愿，增加其训练难度，使其逐渐克服并适应。

2.适应性训练

经常安排运动员在比赛困境或特殊情境下的训练。如在比分落后时的训练，在比分领先时的训练，在比分相持或关键球情境下的训练，在裁判员漏判、错判甚至反判情境下的训练，以及根据对手、比赛环境、特殊体能状态下的训练等，以加强对运动员意志品质的锻炼。

二、羽毛球运动员比赛心理能力的调控

（一）赛前心理准备

1.端正比赛态度

羽毛球运动员对比赛的态度如何会直接影响其在比赛中的表现，教师或教练员在运动员参加比赛之前，可以采取集体讲座、小组讨论、个别谈话等形式，引导运动员正确看待比赛，使运动员将比赛看作检验平时教学、训练水平的一次简单测验，使运动员将比赛当作是展示自我才能和考验自己的平台，让运动员放下比赛胜负的包袱，排除杂念，轻装上阵，努力发挥出自己的最佳竞技水平。

2.树立正确的比赛心理定向

羽毛球运动员比赛心理定向是指运动员在赛前、赛中持有的注重比赛过程还是注重比赛结果的思维活动指向或定式。正确的比赛心理定向应当是关注自我，关注现在、当下的比赛过程，关注那些自己能控制的因素；不正确的心理定向是关注他人，关注比分和比赛结果，以及关注过去和将来的得失，关注个体无法控制的因素。

因此，在羽毛球运动员参加比赛前，教练员应指导运动员认识到哪些因素是其自身所能控制的，哪些因素是其自身不能控制的。能够控制的因素就将它们控制好，自然就能获得应有的结果；不能控制的因素不必花费精力去控制它们，否则只能是白费身心能量。能够控制且准备好了的因素不必担心，因为已经做好了应有的准备，不能控制的因素也不必过分去担心，因为它们是不应当考虑的因素。只有当羽毛球运动员控制好了可控因素，才能取得预期的比赛成绩；对于那些无法控制的因素不去关注，才能避免诱发不良情绪而影响技战术水平的正常发挥。

3. 确定正确的比赛目标

羽毛球运动员运动比赛目标是其在赛前期望获得的比赛结果，这种目标可以是多种内容的表现，具体包括以下几种：

（1）名次性比赛目标

如运动员希望在比赛中获得第一名。

（2）成绩性比赛目标

如运动员希望在比赛中获得预期的运动成绩表现。

（3）结果性比赛目标

如运动员希望在比赛中战胜某一对手。

（4）模糊的比赛目标

如尽力而为，这类目标缺乏针对性，目标难以量化。

（5）具体的比赛目标

如计划在比赛中正手吊对角线成功率达到 90%。

无论是哪一种比赛目标的确定，都要遵循实事求是、尊重现实、有挑战性、具体、可控、可测等原则，切不可好高骛远。总之，重视比赛过程，在比赛中打好每一拍球，发挥好每一个技战术，不苛求一拍"杀死"或"吊死"对方，是羽毛球运动员设置比赛目标的根本要求。

4. 增强比赛的自信

自信是羽毛球运动员对实现正确比赛目标所具有的确信程度，来自比赛成功经验的积累，是运动员对自我能力的肯定，是运动员对自己的期望与技战术水平自我估计的正确平衡。

羽毛球运动员增强自信的前提是能自知自评、自省自悟，能正确地认识自我、了解自我，熟悉自己的弱点和优势，并能克服弱点、发扬优势，自觉地摒除杂念和消极情绪，以一种平和、专注、积极的态度去面对比赛。

羽毛球运动员增强自信的关键是发现问题的原因所在，从而认真分析问题，结合自己的实际条件和情况，有针对性地找出解决问题的方法和途径，相信自己有能力解决问题，只有这样，才能增强完成赛前既定目标的信心，进入自我巅峰和自我超越状态，并最终克服困难，达到预期的比赛目标。

（二）赛中心理调节

羽毛球运动员心理调节是指针对运动员的临场心理或行为表现，采用某些方法、手段，使他们的心理发生短暂而积极的变化。

羽毛球运动竞争激烈、强度大、节奏快，在比赛中，受各种心理因素的影响，运动员经常会出现不良心理状态，如领先时放松或急躁、落后时放弃或慌乱、相持时崩溃、关键时手软、最后时等待等。这些不良心理现象的出现会直接影响运动员比赛水平的发挥，进而影响比赛结果。因此，羽毛球运动员需要进行适当的心理调节。

在比赛过程中，羽毛球运动员应及时调整心态，可以采用以下心理调节方法：呼吸调节法、暗示调节法、活动调节法、音乐调节法、发声调节法、表情调节法、闭目静坐调节法、回避信息调节法、思维阻断调节法等。在自我调节的过程中，应该始终做到以下几点：

1. 保持稳定的情绪

羽毛球运动员不良心理状态的出现有内在的原因（如紧迫、担心、求胜心切等），也有外在因素的影响（如比分变化、观众呐喊、对手的挑衅性动作或语言刺激、观众喝倒彩、裁判员误判等），这些无不影响着运动员的情绪。羽毛球比赛过程中不允许教练员指导，这就要求运动员能够及时调整心态，无论在任何复杂的情况下，都要保持情绪稳定。

2. 顽强的意志品质

羽毛球比赛是体能、技术、智慧、意志品质的较量。羽毛球比赛对抗性强、竞争激烈，它回合多、时间长，常使运动员达到运动极限。尤其是双方势均力敌时，这种身体、技能、心理的较量更加白热化，这就要看比赛中谁的信念更坚定，意志更顽强，谁就能坚持到最后，赢得比赛的胜利。总之，在羽毛球运动中，转机往往就出现在某一方疏忽、放松警惕之际，不打完最后一分，谁都不能轻言胜利或失败。比赛中任何情况都可能出现，运动员要时刻督促、提醒自己，特别是比分落后、局势不利、发挥不佳时，更要运用意志与规则，不断分析、调整、寻找战机，任何时候都不能有一丝的懈怠，因此，羽毛球运动员保持坚定的信念和顽强的意志是十分重要的。

3. 保持清醒的认识

正所谓"知己知彼，百战不殆"，羽毛球运动员在赛前对自己和对方的技术特点、实力要有客观的认识，这对于其在比赛中正常发挥技战术水平有着重要的影响作用。只有充分了解对手，才能在比赛中稳定自如，才能在赛中无论遇到什么情况，遭遇多大压力，局势多么紧张的情况下，都能认真分析形势，找出对方的薄弱环节，合理制定对策，稳扎稳打。可见，在比赛中保持头脑的清醒是十分重要的。

在羽毛球比赛过程中，无论运动员采用哪种调节方法，都应取决于其对各种方法的熟知、认可。运动员要从自身的个性与习惯出发，结合比赛专项，在日常训练中经过长期、系统地练习和应用，使这种心理调节形成一种习惯，并能够在适当的时机进行灵活运用。

（三）赛后心理调整

在羽毛球比赛前和比赛中，运动员会消耗大量的生理、心理能量，赛后要进行积极调整，这样才能使运动员的身体与精神尽快恢复到正常状态，为以后的训练和比赛做准备。

赛后心理的积极调整主要包括以下几个方面：

1. 正确看待比赛胜负

正确看待比赛胜负是一个优秀羽毛球运动员应当具备的基本素质。对于比赛双方来说，有一方胜利就必然有一方失败。胜利时得意忘形和失败时灰心丧气，对后续的训练和比赛都会带来不良影响。

赛后，教练员可以通过谈话或咨询等方法帮助运动员端正心态，使其正确对待比赛结果。对于胜利者，要肯定其成绩，并指出其不足，避免运动员出现过高和虚假的自信心；对于失败者，要指出其在比赛中的良好表现，分析失败的原因，帮助运动员明确努力方向，避免自我贬低。

2. 正确评价和调整人际关系

比赛结果会引起羽毛球运动员不同程度的心理状态的变化。对于一些心理状态不稳定的运动员来说，如果比赛胜利，会骄傲自满，过度重视自我，不听从教练员的安排和劝告；如果比赛失败，就很有可能形成人际关系的紧张、埋怨、对抗等不良情绪，这些不良心理状态会对下一步的训练、比赛产生不良影响。在赛后，运动员应重新评价和调整与教练员、参赛者、同伴等人之间的人际关系。因此，教练员要正确引导运动员的人际关系认知，运动员自己也要进行客观的比赛分析，为接下来的训练和比赛营造良好的人际氛围。

3. 学会放松

放松是为了调整心态，以便于运动员投入更加激烈和紧张的训练和比赛中去。赛后，教练员或运动员可以采用语言诱导、自生法、听音乐，以及参加文娱活动、旅游观光等方法转移比赛前和比赛过程中的紧张情绪，放松精神，以促进自我身心能量的积极恢复。

三、羽毛球运动员不良心理状态的改善

（一）呼吸调节法

呼吸调节法是一种在呼吸过程中深吸慢呼的方法，对于消除运动员的紧张情绪、稳定运动员的情绪状态具有重要的作用。呼吸与羽毛球运动的关系极为密切。在羽毛球运动中，良好的呼吸有助于运动员在练习和比赛前调整状态、稳定情绪，在训练和比赛中保证体能充分、合理地发挥，在比赛后迅速消除疲劳。其具体方法如下：

第一，采用坐姿或站姿，双目微闭，心境坦然，用鼻吸气，吸至肺脏充盈、无法再吸入更多气体时，屏住 3 秒钟。

第二，缓慢呼气，将肺内气体吐尽，停 3 秒钟。

呼吸调节过程中，运动员应完全将注意力集中于呼与吸，并保持自然放松，重复数次后，紧张情绪会自然消失。

（二）自我暗示法

自我暗示法是指羽毛球运动员通过积极的自我暗示，以必胜的信心去迎接训练和比赛中的困难和挑战，调动自身一切能力完成任务并取得成功的方法。自我暗示是一种内在的火种，一种流动向上的自我肯定，它能使运动员精神振奋，信心倍增。在羽毛球运动中，运动员的自我提醒与暗示是培养自信心的有效途径和方法。

在运动实践中，运动员可以用语言来进行自我暗示，如在赛前用"我一定能

发挥得很好，我一定能行"来激励自己，用必胜的信念鼓舞斗志，在比赛中敢打敢拼，争取每一分，直到比赛结束。

（三）活动调节法

活动调节法是指运动员在心情焦虑或情绪低落时，通过运动锻炼的方式来提高大脑的兴奋性，改善不良情绪，将抑郁低落的情绪在运动中释放出来。

精神的放松有助于缓解个体焦虑情绪所引起的各种身心不适，使个体的身心慢慢进入一种自然放松的状态，并使其在运动中逐渐获得快乐。羽毛球运动员可以结合自己的实际情况，进行两人一球对打练习，力争把球打到对方跟前，以增加重复练习次数来缓解不良情绪；还可以进行四人一球对打，根据自己的体力情况确定运动强度，来缓解和释放不良情绪，重塑健康的心理状态。

（四）肌肉控制法

肌肉控制法是指运动员通过合理的步骤控制肌肉逐渐放松，并使身体感到轻松愉快的方法。这种方法主要是通过对肌肉的控制来放松精神、缓解焦虑，从而释放身心压力，保持良好的心态。

以控制手和脚的肌肉为例，练习者可以用右手紧握自己的左手，渐渐使出最大力量后再渐渐放松，然后两手交换继续进行。练习者还可以将一只脚用力向上勾起再慢慢放下，然后换另一只脚重复上述动作。

此外，羽毛球运动中的搓球、推球、放球、勾对角线球等前场击球技术的练习也能使运动员的上肢肌肉得到有效控制，并达到放松心态的目的。

（五）音乐调解法

音乐与人的生活息息相关，它能够影响人的情绪、调动人的精神状态、陶冶性情，从而达到振奋精神的目的。例如，在比赛前，信心不足的运动员可以选择听一些节奏感强、鼓舞士气的音乐，以促进自我信心的恢复，提高自己的参赛欲望，求胜心切的运动员可以选择听一些抒情缓和、稳定情绪的轻音乐，以促进情绪的平稳，便于冷静地应对比赛。

参考文献

[1] 焦玉娥，张骞，麻安莉.羽毛球运动与训练 [M].北京：科学出版社，2020.

[2] 夏云建.羽毛球基础技术教程 [M].武汉：华中科技大学出版社，2019.

[3] 朱建国.羽毛球运动教学与训练教程 [M].北京：清华大学出版社，2019.

[4] 刘冉.羽毛球运动教学体系构建与创新研究 [M].北京：中国书籍出版社，2018.

[5] 蒋湘之.羽毛球教学和训练 [M].北京：九州出版社，2017.

[6] 张力为，毛志雄.运动心理学第 2 版 [M].上海：华东师范大学出版社，2018.

[7] 张志华.我国高校竞技体育人才培养的理论与实践研究 [D].北京：北京体育大学，2014.

[8] 钟建萍.我国优秀羽毛球运动员全程性多年训练的阶段特征与影响因素的研究 [D].北京：北京体育大学，2013.

[9] 王鹤颖.多球训练法在羽毛球训练中的应用研究 [J].当代体育科技，2021，11（35）：37-40.

[10] 刘延宁.羽毛球杀球动作中鞭打原理的应用 [J].当代体育科技，2021，11（32）：37-39.

[11] 李子乔.羽毛球裁判员队伍建设的研究 [J].当代体育科技，2021，11（32）：244-246.

[12] 何烨，周志辉.合理运用运动生物力学知识，提高羽毛球技术教学质量 [J].医用生物力学，2021，36（S1）：414.

[13] 张鹏宇.大学生业余羽毛球爱好者的运动风险分析与预防 [J].当代体育科技，2021，11（22）：251-253.

[14] 张为春.高校羽毛球课程教学中学生创新能力路径培养研究 [J].当代体育科技，2021，11（20）：65-67.

[15] 李小华.羽毛球训练对青少年身体素质的影响分析 [J].当代体育科技，2021，11（18）：84-86.

[16] 高慧 . 羽毛球教学方法研究探索 [J]. 当代体育科技，2021，11（14）：67-69.

[17] 张景丽 . 论青少年羽毛球运动中的体能训练 [J]. 田径，2021（5）：34-36.

[18] 王磊，葛盼盼 . 羽毛球运动的体能训练特点及方法研究 [J]. 盐城工学院学报（社会科学版），2021，34（2）：91-94.

[19] 隋超 . 羽毛球反手网前挑球技术动作的运动学及肌电学分析 [D]. 哈尔滨：哈尔滨师范大学，2022.

[20] 陈小雷 . 羽毛球反手网前蹬跨步挑球技术的生物力学特征分析 [D]. 西安：西安体育学院，2022.

[21] 朱建鹏 . 不同"单多球结合"训练对羽毛球主项选修课教学效果的实验研究 [D]. 广州：广州体育学院，2022.

[22] 陈浩 . 下肢制动能力训练对羽毛球主项选修班学生向前移动步法影响的实验研究 [D]. 广州：广州体育学院，2022.

[23] 李林 . 中外优秀羽毛球男单运动员基本单元竞技过程的定量分析与研究 [D]. 南京：南京体育学院，2022.

[24] 彭迪 . 羽毛球运动员左前场蹬跨步中步长与落地方式对膝关节运动特征的影响 [D]. 上海：上海体育学院，2022.

[25] 郭萌 . 哈尔滨市高校羽毛球专项人才培养现状与策略研究 [D]. 哈尔滨：哈尔滨体育学院，2022.

[26] 杜伟 . 世界优秀羽毛球男子单打运动员杀球特征及其效果分析 [D]. 成都：成都体育学院，2022.

[27] 汤毅 . 羽毛球男单打法中挡放网的评价指标与战术作用的分析 [D]. 成都：成都体育学院，2022.

[28] 唐宁 . 影响羽毛球女子双打防守反击产生的关键要素研究 [D]. 成都：成都体育学院，2022.